図書館のための災害復興法学入門

新しい防災教育と生活再建への知識

岡本　正

樹村房

はじめに

どんな方にも役立ててもらえる新しい防災教育を行う知恵をお伝えするのが本書の役割です。

「災害復興法学」という固い熟語のタイトルに驚かれたでしょう。そもそも、「災害」と「法」がどう関係するのかと、疑問に思うことでしょう。そのような方にこそ、本書を読み進めてほしいと思っています。本書を読んでくださった後には、皆さん自身が新しい防災教育の担い手であると感じていただけるものと期待しています。

新しい防災教育とは何でしょうか。

本書では、全15章を大きく3つに分け、その冒頭に、部の全体像を表すグラフィックを掲載する工夫をしました。この3つの絵だけでもまずはご覧いただきたいと考えています。

最初に「災害復興法学」について説明します（1～5章)。

災害復興法学とは、2011年3月11日に発生した東日本大震災をきっかけにして、私が立ち上げた学問とその活動です。大学で授業をし、教科書をつくり、専門書を出版し、防災コラム執筆や、地域の皆様へ向けたセミナーも多く行っています。しかし、災害復興法学という、小難しい名前からは、なかなか内容が想像できないと思います。

災害復興法学が、皆さんにお伝えしたいのは、大規模災害があった後の、あなた自身や、家族や、友人たちの生活のことです。被災するとはどういうことか。東日本大震災、熊本地震、西日本豪雨などにおける5万5千件以上の被災者の声からイメージできるようにしました。そして、被災者の絶望的ともいえる声を、一歩踏み出す希望にかえる知恵があることをお伝えしたいと思っています。その知恵とは、「被災者の生活再建を支える法制度」です。新しい防災教育は、これを災害が起きる前から「知識の備え」にしようというものです。

「罹災証明書」というしくみがあります。ご存じでしょうか（何を隠そう、私は、東日本大震災が起きた当初、恥ずかしながらこの単語を読むこともできませんでした)。しかし、この名前だけでも知っておくことが、実は非常に重要なのです。ぜひ本書を読んで実感してください。「知る」ことで、皆さんもすぐに、その知識を、まだ知らないだれかへ伝えることができるようになるでしょう。

では、実際に大きな災害が起きてしまったら、どうしたらよいでしょうか。

災害後の情報コーディネーターになるためのアイディアを提示します(6～10章)。

被災してしまったときには、あなたが知る、生活再建を支える法制度が、あなた自身の助けになるでしょう。しかし、それを知らない人もたくさんいます。災害後のニュースはあまりに膨大です。災害後に国などから発信される情報は、そのままでは読みづらく、複雑です。どんな単語を検索し、どの情報を収集すればよいのかもわかりません。つまり、多くの被災者は、せっかく情報としてはあるはずの「被災者の生活再建を支える法制度」に気づかず、支援までたどりつけないのです。

ですから、だれかが、被災者に役立つ情報を集めなければなりません。それをわかりやすい形にしなければなりません。情報を伝える場所をつくり、必要な人へ届くようにするわけです。大きな災害が発生したときこそ、リアルタイムで支援に役立つ情報を収集し、それをわかりやすく加工し、確実に伝える役割を担うことが重要になります。被災者を適切な場へ誘導するための「コーディネーター」となり、「情報のアーカイブ」をする役割を担うのです。災害時の情報収集と発信のノウハウを、実際の事例をもとに学びます。これは、図書館が本来的にもっている情報と人をつなぐ拠点として、課題解決型図書館としての役割を果たすことに他ならないのではないかと考えています。

最終目標は、新しい防災教育の実践です。

「生活再建のための知識の備え」をみんなで学ぶ仕掛けと場をつくりましょう。それは、一人ひとりが、ダメージから回復するための「しなやかさ」(レジリエンス＝強靭性)を獲得していく、「SDGs」(国連2030年「持続可能な開発目標」)に根ざす取り組みです(11～15章)。

「家計の防災」や「復興新聞をつくろう」など、私がこれまでに実践してきたセミナーツールやプログラムを紹介します。私の力だけではまだまだ広がりの足りない「新しい防災教育」も、皆さんと一緒であれば、より多くの人たちへ伝えられるのではないかと期待しています。大切なのは、場をつくり、新しい防災教育を実践し、防災を「自分ごと」にすることです。本書をご活用いただき、一緒に新しい防災教育の場をつくってこそ、防災教育の目的を達成できるものと考えています。

図書館は、だれにでも開かれた生涯学習の場です。そして、図書館は特定のテーマやイベントを通じた、新しいコミュニティ形成の担い手にもなります。新しい防災教育を通じて、創発的なコミュニティがつくられることを願います。

改めて、本書はどんな方にも役立ててもらえる新しい防災教育を行う知恵をお伝えすることが目的です。なかでも、図書館や生涯学習に関わる皆さんにお伝えしたいと考えて筆をとりました。いうまでもなく、図書館は、多様化する市民や利用者のニーズに対して学びと課題解決のための場を提供し、そのために各ステークホルダーと連携していく存在です。また、近年の大災害を教訓とした図書館自体の危機管理も共通認識になりました（文部科学省「図書館の設置及び運営上の望ましい基準」(2012年）参照)。災害後の被災者支援と災害に備える防災教育を担うものとして、図書館こそが、従来からもつ強みを発揮できると信じています。

本書が、あなたや家族、友人、地域、それぞれのコミュニティにとって、そしてこの国の未来を担う子どもたちにとって、防災を「自分ごと」にする種になれば幸いです。

令和元年10月吉日

弁護士・博士（法学） 岡本 正

目次

Ⅰ部　知る：災害復興法学と生活再建への知識の備え

災害復興法学
事前に知識を備える防災教育と、被災者の生活再建のために法制度の改善を提言するよ!!
岡本先生
なんだろう？
「被災」
家に住めない!
連絡がとれない
プルルル…
ライフライン
「災害の新しいイメージ」=
家のローンが! 払えない!
住めないうえに
相続問題
収入がない!!…
支払いできないぃ
遺産
切実なお金の話
法制度改善のための
提言資料
社会課題が見つかる!!!
傾向・課題の分析
被災者の声の分析
データで見える化
相談事例の蓄積
5万5千件超
エビデンスになる
被災者の声
無料法律相談

困!
被災者の声から生まれた新しい制度
(イタリ)
東日本大震災
2割の人が住宅等ローンの支払い困難
『被災ローン減免制度
(債務整理ガイドライン)』
合意
ほっ
銀行
個人
被災時にローンの債務免除(減額)になる制度
次の災害に備えて…
改善しなきゃ!
残された課題。
提言を記録
ガイドラインに法的拘束力がない!!
銀行
?!
個人
要件は満たしているのに……
一定の要件で債務を減免できる法律上拘束力のあるしくみが必要
現状の課題
新しい制度が生まれるプロセスを記録・政策の手法を伝承!
「防災教育」
知ってるだけで!
生活再建に役立つ法制度の知識
災害後の生活を再建するための手続き・支援
自治体が発行
罹災証明書
自宅の被害を判定する証明書
被災者生活再建支援金
自宅の被害をきっかけにお金が支払われる制度
公共料金等の減額・免除
災害弔慰金
大災害で亡くなった方の遺族への見舞金
貴重品の紛失
カード・通帳・生命保険・健康保険証…
本人確認ができればOK!
事前に一度、手続きを調べよう!!
他にも沢山の制度があるよ!!

1章

被災するとはどういうことか

被災を想像しよう（思いつくままに）

地震や台風など自然災害による「被災」「被害」「悩み」といわれたら、何をイメージするでしょうか。紙とペンがあれば、早速書き出してみてください。メモアプリに入力してみるのでもよいでしょう。もちろん頭の中で、いくつか思い浮かべてみるだけでもけっこうです。もしかしたら、言葉ではなく、イメージ映像が浮かんでくるかもしれません。

もう自分の家には住めない、電気・ガス・水道は使えない、通信する手段もないかもしれない、体育館や公民館などで床に雑魚寝をして心身ともに疲れ果てているだろう、清潔なトイレやお風呂もないのかもしれない、常備薬は飲めているのか、ぜんそくなどアレルギーがある人はどんなに恐ろしい思いをしているだろう、子どもがいる家族はどんなに大変だろう、障害のある人や介護を受けている人、難病を抱えている人の苦労は想像を超えるものに違いないだろう、その家族や関係者も当然同じ思いだろう……。

特別な分野の専門家でなくても、ペンをもって書き出せば、たくさんの「被災」「被害」「悩み」が出てくることでしょう。

ぜひ家族や職場でこの簡単な質問と、思いつく答えの列挙をしてみてください。なかには、自分が思いもよらなかった被災の姿に気がついた人がいるはずです。

被災を想像しよう（あなたの日常生活）

自然災害が発生した時に思い描く「被災」には、被災した一人ひとりの、個人的な悩みごとは含まれていたでしょうか。テレビやインターネットで目

地震で建物が壊れる　道路寸断で孤立　ガス不通・上下水道不通
自宅に住めなくなる　電力喪失　避難所で非常食が足りない
障害者・難病者に対応できない
常備薬が切れてしまった　飲み水がなくなる　帰宅困難者に
窃盗や女性・子どもを狙った犯罪　赤ちゃんのミルクや離乳食がない
トイレが流せない・使えない　アレルギー対応の食事がない
避難所で喘息や肺炎が心配　職場まで出勤できない
家族と連絡がとれない
従業員の安否が不明だ　マンションだと避難所に行けない
家の修理や工事はどうすれば　原子力発電所の情報を見ておかなくては
余震や更なる土砂崩れ・地盤が心配　運動不足でエコノミークラス症候群に

図1　被災による困難とは
▶ニュースなどを思い出して色々と被災後の姿を想像してみよう。

にすることができる映像は確かに衝撃的で印象に残ります。私自身も、阪神・淡路大震災や東日本大震災が起きたとき、テレビや新聞を通じて、崩れ落ちた建物や押し寄せる津波を目にし、これが自然災害の恐怖であり、深刻な被害なのだと衝撃を受けました。しかし、それらは被災地全体の物理的な被害の様子であるにすぎません。ここでは、さらに被災地で生活する「人」に着目し、被災についての想像をふくらませてみたいと思います。

もう一度、紙とペンをとってみましょう。タブレットのお絵かきアプリもよいかもしれません。まず、真ん中にあなた自身を描きます。あなたの大切な人や家族でもよいと思います。そうしたら、そこから周りに向かって線を引きます。線は、日常生活でのあなたと社会のつながりを表します。生活費や教育費、医療費、会費、住宅ローンや家賃等の支払い、給料・アルバイトなどの収入や年金の受給などのお金に関することや、保険の契約、将来予定していることでもかまいません。線を伸ばしていきましょう。

大きな災害により被災するとは、このような当たり前の日常生活が破壊されてしまうことを意味します。つながりの線が、無残に引き裂かれ、破壊され、弱くなってしまいます。つながりがあるがゆえに、トラブルや争いごと

図２　まずは日常生活から
▶線は具体的には何でしょうか。「住宅ローン」「給与」「社会保険料」「教育費」。ライフスタイルや家族構成により、人それぞれの線があるはずです。

が起きることもあります。収入があるからこそ収入がなくなってしまうという悩みが起きるかもしれません。支払いがあるからこそ、支払えないという悩みが襲ってくるかもしれません。

このように日常生活を裏返して考えると、災害後の生活の苦悩が想像できます。等身大の生々しい被災の姿を通じて、災害というものが見えてきます。これにより、災害というものが、想像できない異常事態ではなく、身近に起こりうる「自分ごと」として考えられるようになるかもしれません。

生活再建への知識の備え

大災害が起きると、これまでの「つながり」がひっくりかえったような形で、日常生活が破壊され、トラブルや悩みが引き起こされます。では、どうやって日常生活を取り戻せばよいのでしょうか。それこそが、事前に学んでおくべき「新しい防災教育」＝「生活再建への知識の備え」です。

防災教育には、①命を守るための防災教育、②生き延びるための防災教育、③生活再建のための防災教育、④事業再生のための危機管理教育、などの段階があります。たとえば、③生活再建のための防災教育も、助かった命をつなぐための重要な事前の準備です。いわば、非日常と日常に連続性をもたせる防災教育です（図3）。生き残ることを目的とした「Survivorとなる防災教育」に対して、被災者を支援する「Supporterとなる防災教育」です[1]。日常のなかで災害対応能力を育む「市民性を育む防災教育」ともいえます[2]。

このためには、「生活再建への知識の備え」がいかに重要か、すなわち、情報も備蓄と一緒で、平時の備えが重要となることを説明しなければなりません（図4）。そこで、次章では、「災害後の被災者のリーガル・ニーズ」をグラフと数字で説明します。被災者の悩みの声が聞こえてくることでしょう。

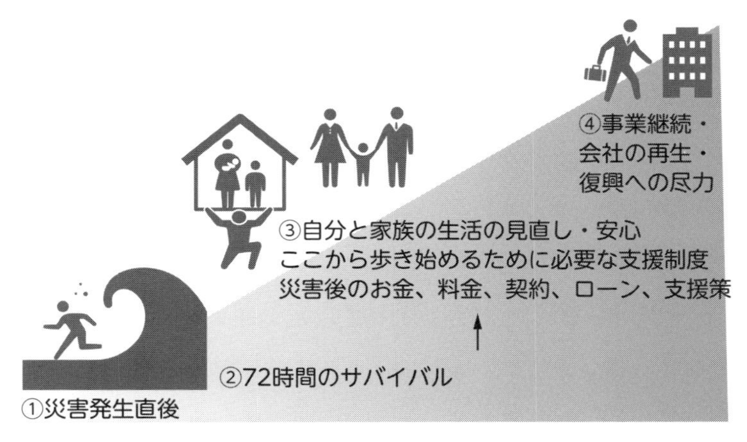

図3　防災教育における「生活再建の知識の備え」の位置づけ
出典：岡本正『災害復興法学Ⅱ』慶應義塾大学出版会，2018，p.33.

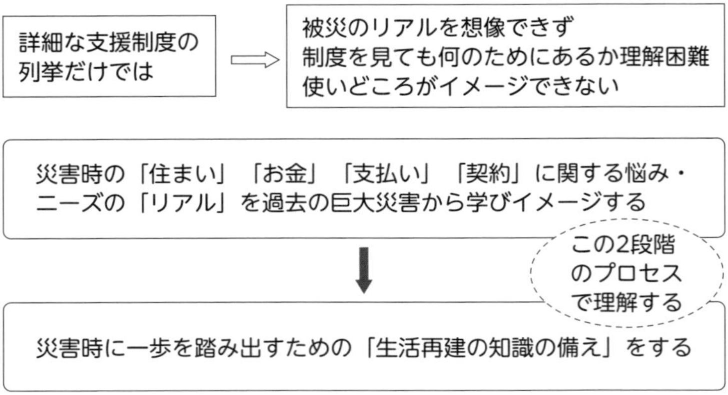

詳細な支援制度の
列挙だけでは

⇒

被災のリアルを想像できず
制度を見ても何のためにあるか理解困難
使いどころがイメージできない

災害時の「住まい」「お金」「支払い」「契約」に関する悩み・
ニーズの「リアル」を過去の巨大災害から学びイメージする

↓

この2段階
のプロセス
で理解する

災害時に一歩を踏み出すための「生活再建の知識の備え」をする

図４　防災を自分ごとにする思考プロセス
▶「生活再建への知識の備えの防災教育」の重要性を考えることで防災が自分ごとになります。
出典：岡本正『災害復興法学Ⅱ』慶應義塾大学出版会，2018，p.33.

2章
5万5千件のデータでみる被災者の声

弁護士による無料法律相談・情報提供活動

弁護士は、災害が起きると被災した人や事業者に対して「無料法律相談活動」や「情報提供活動」をしてきました。そもそも弁護士は、裁判所の法廷活動、紛争を予防する相談活動、人権を守る活動、立法や制度の運用改善に関与する活動、企業や自治体などの組織内での活動など、社会生活のあらゆる分野で活動している社会の医師というべき専門家です。被災した人や企業など被災者の生活の再建に役立つ法律やしくみを被災者に伝えたり、一緒に手続きを行ったり、被災者や事業者を支援する法律をつくる政策に関与することも、弁護士が行う活動の一つなのです。

阪神・淡路大震災では、災害直後から数年のうちに10万件以上の相談活動をしたとされています。新潟県中越地震では、新潟県長岡市に「震災復興をめざす中越ひまわり基金法律事務所」が開設され、弁護士が3年間常駐しました。そして、東日本大震災が起きたときも、弁護士たちは、災害直後から、被災者やその支援者への法律相談や情報提供活動を始めました。被災地に起きたトラブルを解決するために弁護士が間に入って話し合うしくみもつくられました（「災害ADR」と呼ばれています）。これまで弁護士過疎地といわれて法律事務所がなかった地域を中心に、法律事務所がつくられました。被災自治体に勤務する弁護士も多く現れました。その後、熊本地震や西日本豪雨（平成30年7月豪雨）を始め、各地で大きな災害が頻発していますが、その多くで、弁護士が被災者のための無料法律相談を行ってきました。

日弁連（日本弁護士連合会）が、東日本大震災、熊本地震、西日本豪雨で実施した無料法律相談事例をまとめてデータベース化し「東日本大震災無料法律相談情報分析結果」として発表し、被災者の声（被災者のリーガル・

ニーズ）をグラフや数字で見ることができるようにしています。いったい、どの災害で、どんな悩みの声が、どの程度あったのか。被災するとはどういうことなのかを、視覚的なグラフと数字で実感していただきたいと思います。

被災者の声を聞く

弁護士が実際に聞いた被災者の声はどんなものだったのでしょうか。そこには、予想していなかったほどの絶望と不安がありました。図５では災害直後の大規模災害の被災地で弁護士が聴いてきた、特に深刻で、かつ件数も多かった声を紹介します。もしこのような悩みが、あなたや家族、職場の同僚や取引先、地域の仲間たちに起きたら、いったいどんな答えを返すことができるでしょうか。

数字でみる被災者の声

これらの声が、被災者の悩みのなかで、どれくらいの関心事となっていたのか、グラフを使って数字で確認します。先に紹介した報告書から、相談全体に占める割合が高かった相談カテゴリーを順番に並べて比較してみます。

具体的には、

①東日本大震災（相談分析数は１年分 40,396 件）のうち、宮城県石巻市の 3,481 件

②熊本地震（相談分析数は１年分 12,284 件）の全相談

③西日本豪雨（相談分析数は４か月分 3,230 件）のうち、岡山県の 1,134 件

の分析結果を見てみましょう。

東日本大震災（2011 年３月 11 日）により、石巻市（人口約 16 万人）では、死者 3,500 名以上、行方不明者 400 名以上、全壊建物２万棟以上という甚大な犠牲と被害がありました。弁護士に対して、相続に関する相談、行政による公的支援に関する相談、賃貸借紛争に関する相談、住宅ローンが支払えなくなるという相談が、多数寄せられました。

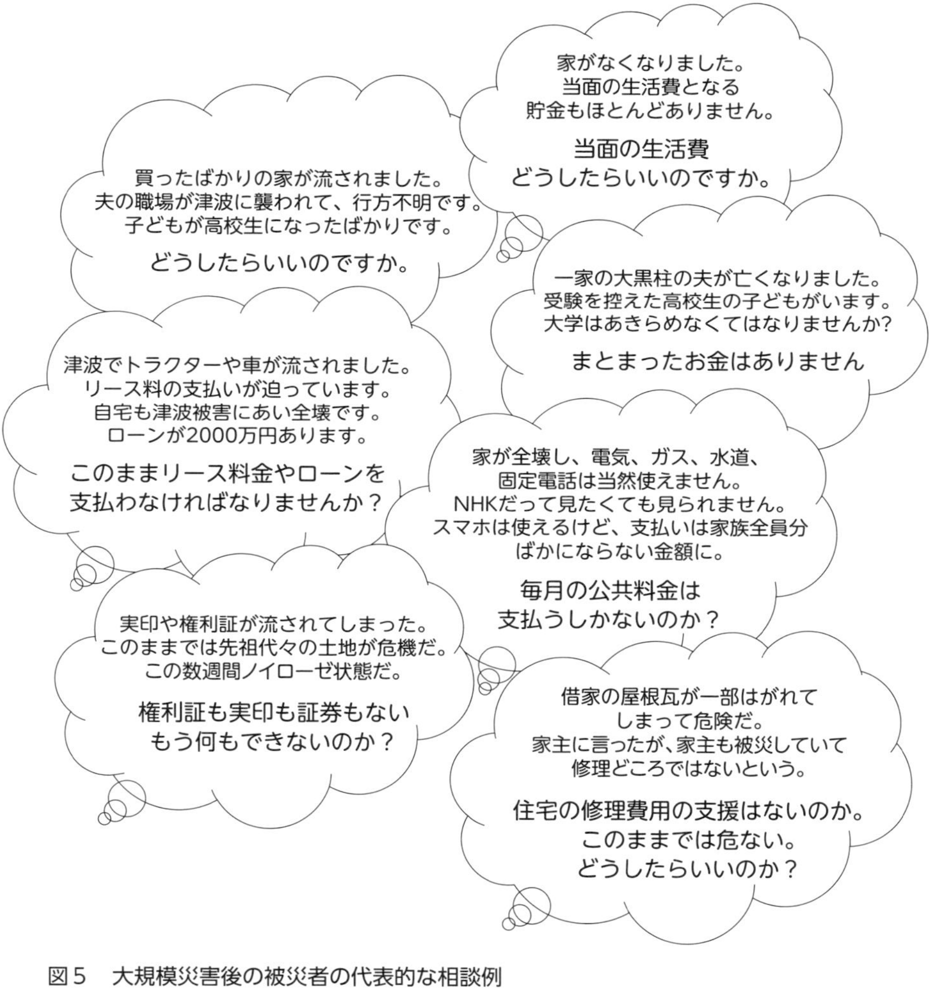

家がなくなりました。
当面の生活費となる
貯金もほとんどありません。
当面の生活費
どうしたらいいのですか。

買ったばかりの家が流されました。
夫の職場が津波に襲われて、行方不明です。
子どもが高校生になったばかりです。
どうしたらいいのですか。

一家の大黒柱の夫が亡くなりました。
受験を控えた高校生の子どもがいます。
大学はあきらめなくてはなりませんか?
まとまったお金はありません

津波でトラクターや車が流されました。
リース料の支払いが迫っています。
自宅も津波被害にあい全壊です。
ローンが2000万円あります。
このままリース料金やローンを
支払わなければなりませんか？

家が全壊し、電気、ガス、水道、
固定電話は当然使えません。
NHKだって見たくても見られません。
スマホは使えるけど、支払いは家族全員分
ばかにならない金額に。
毎月の公共料金は
支払うしかないのか？

実印や権利証が流されてしまった。
このままでは先祖代々の土地が危機だ。
この数週間ノイローゼ状態だ。
権利証も実印も証券もない
もう何もできないのか？

借家の屋根瓦が一部はがれて
しまって危険だ。
家主に言ったが、家主も被災していて
修理どころではないという。
住宅の修理費用の支援はないのか。
このままでは危ない。
どうしたらいいのか？

図５　大規模災害後の被災者の代表的な相談例

震度７を２回記録し、余震も激しかった熊本地震（2016年４月14日・16日）では、都市を襲った大地震という特徴から、賃貸借紛争に関する相談、建物等の損壊で近隣へ発生してしまった損害（工作物責任）に関する紛争、住宅ローンが支払えなくなるという相談、行政による公的支援に関する相談が多数寄せられました。

①東日本大震災（宮城県石巻市）
2011年3月〜2012年5月（3,481件）

相続等　19.5%
震災関連法令*1　18.4%
不動産賃貸借（借家）　18.0%
住宅・車・船舶の
ローン・リース　10.3%

*1　各種支援制度に関する問い合わせなど

②熊本地震
2016年4月〜2017年4月（12,284件）

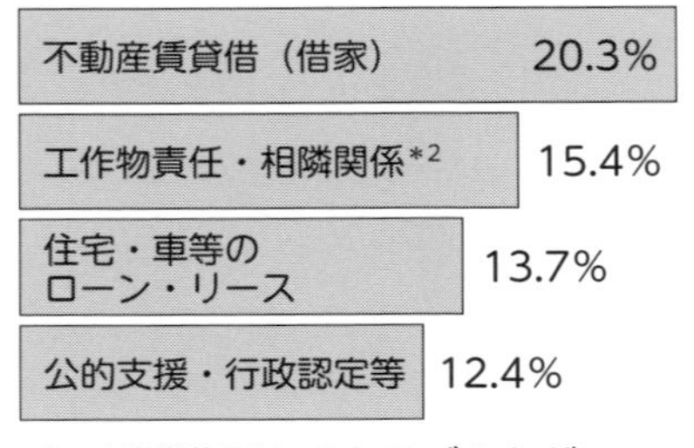

*2　近隣住民とのトラブルなど

③西日本豪雨（岡山）
2018年7月11日〜10月31日（1,134件）

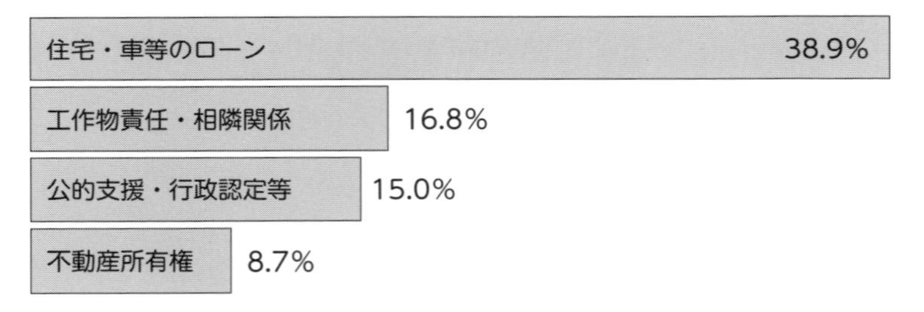

図６　大規模災害における被災者のリーガル・ニーズの傾向
日弁連「東日本大震災無料法律相談情報分析結果」「熊本地震無料法律相談データ分析結果」および「平成30年７月豪雨無料法律相談データ分析結果」をもとに作成

西日本豪雨（2018年７月６日）の岡山県の相談の多くは、住宅地のほぼ全域が浸水被害を受けた倉敷市真備地域の相談事例です。同一地域で一挙に数千件の住宅が全壊判定を受けました。それを反映してか、財産状態が極端に悪化し、住宅ローンが支払えなくなった、新たな自宅のためのローンを借りることができるのか、二重に支払うことは難しいが既存のローンの支払いはそのままなのか等の相談が非常に多くありました。また、土砂の撤去をめぐる紛争（グラフの「工作物責任・相隣関係」がこれに該当します）が多いのは、豪雨災害と土砂災害に共通する特徴です。

大規模な災害の被災地では、津波や地震、豪雨（土砂災害）といった災害態様に応じた相談傾向があるようです。一方で、「住宅ローンに関する相談」「行政の公的支援に関する相談」「建物の賃貸借契約に関する相談」「工作物責任・相隣関係に関する相談」「相続に関する相談」は、大規模災害に共通する被災者のリーガル・ニーズであることもわかります。

共通する被災者のリーガル・ニーズがあるということは、将来の災害に備えて、「生活再建への知識の備え」を学ぶことが、非常に効果的だということでもあります。３章と４章で、特に重要な法律や制度を「知る」ことにしましょう。

3章

被災者の生活再建を支える法制度

はじめの一歩を踏み出す

被災者の悲痛な声には言葉を失います。弁護士や医師や国や自治体の職員や各種支援団体は、たとえどんな立場にある人間であっても、被災者の生活をすぐに元に戻すことはできません。そのための十分な回答をすることも、とてもできないでしょう。それぞれが専門とする分野に即した回答しかできないという限界があります。

それでも何か一つ希望につながる、確かな情報を伝えられたら。

弁護士はそれを願い、必死で模索した結果、やはり今後の被災者の生活再建に役立つ「法律」や「しくみ（制度）」を伝えることが効果的ではないかと考えました。少なくとも、災害直後に、生活再建に役立つ法律やしくみが「存在している」「いつか窓口で手続きが始まるかもしれない」ということを知っていたら、今後の生きる希望になるのではないかと思ったのです。法律は、いくつかの条件（要件）を満たせば、発動し、効果を発揮します。たとえば、災害が起きたときに被災者に何らかの支援になる効果が発生する法律が存在するとすれば、それは被災者にとってきわめて有益で、かつ未来につながる確実な一歩になるはずです。もちろん、一つひとつの情報は小さな一歩です。しかし、何も知らないで絶望している人がいるとしたら、それは確かな希望の光となるはずです。

本章と次の４章では、そのような法律やしくみを紹介します。実は、これらの制度は、内閣府のウェブサイトに「被災者支援に関する各種制度の概要」としてまとめられており、50ページ以上にわたってたくさんの制度が列挙されています。しかし、これだけを見ても、いったいどんな場面で、どの制度を利用すればよいかはイメージできないと思います。「災害復興法学」研究を重ねてきたこと、数々の被災地で復興支援に従事してきた弁護士の活動ノウハウ、これまでの５万５千件に及ぶ無料法律相談事例の分析結果などから、「これだけはだれもが知っておいてほしい」と考えている、特に重要な情報をピックアップします。筆者監修のパンフレット「被災後の生活再建のてびき」（107 ページ参照）にもまとめています。

罹災証明書

罹（り）災証明書は、「災害対策基本法」という法律に定められているしくみ（制度）です。災害発生時に実際に住んでいた自宅の被害程度を判定し、その結果を記載した書面のことをいいます。被災者からの申請によって、自治体が発行する義務を負っています。

罹災証明書の被害認定区分は次のとおりです。

①全壊（被害の程度 50 %以上）

②大規模半壊（被害の程度 40 %以上 50 %未満）

③半壊（被害の程度 20 %以上 40 %未満）

④一部損壊（被害の程度 20 %未満）

この被害認定には、一次調査、二次調査があります。不服がある場合には再調査を依頼することもできます。

罹災証明書に記載された被害の程度を参考にすることで、多くの制度が運用されています。次に解説する「被災者生活再建支援金」を申請する際にも、罹災証明書の被害区分が利用される場合がほとんどです。公共料金の減免を受けるとき、災害特有の融資を受けるとき、義援金を受け取るとき等にも、影響してくるものです。

自ら積極的に申請し、認定を受けて罹災証明書を得られるよう、あらかじめ「知識の備え」にしてほしいと思います。災害といえば、まず「罹災証明書」を思い浮かべられるようにしてほしいのです。

被災者は罹災証明書の発行を通じて、自治体の窓口に一度は繋がることができます。被災地で仕事や自宅を失い、「どうすればよいかわからない」「どこで何を聞くべきかもわからない」と途方に暮れてしまうような被害を受けてしまった場合でも、「そのまま見捨てられることはない」という法律からのメッセージのように思えます。

被災者生活再建支援金

被災者生活再建支援金は、「被災者生活再建支援法」という法律に定められている給付金です。自宅が全壊などしてしまった被災世帯に対して、お金が支払われるという画期的な制度です（表１）。自宅の被害をきっかけにしてお金が支払われる支援は、法律では事実上この制度だけです。

下記２条件を満たす場合に被災者生活再建支援金が支払われます。

第１段階：発生した自然災害の規模が、「10 世帯以上の住宅全壊被害が発生した市町村」や「100 世帯以上の住宅全壊被害が発生した都道府県」等の大規模災害である場合に市町村や都道府県の単位で適用が決まる。

第２段階：住んでいた自宅（区分所有でも借家でもよい）が自然災害により「全壊した場合」「災害による危険状態が続き長期避難世帯認定を受けた場合」「住宅の半壊や敷地被害のためやむを得ず解体した場合」「大規模半壊した場合」の４パターンのいずれかに該当する場合に、実際に支援金が支払われる。

表１　被災者生活再建支援制度の支援概要

①住宅の被害程度に応じて支給する支援金（基礎支援金）

住宅の被害程度	全壊	長期避難	解体	大規模半壊
支給額	100 万円	100 万円	100 万円	50 万円

②住宅の再建方法に応じて支給する支援金（加算支援金）

住宅の再建方法	建設・購入	補修	貸借（公営住宅以外）
支給額	200 万円	100 万円	50 万円

＊いったん住宅を貸借した後、自ら居住する住宅を建設・購入（または補修）する場合は、合計で 200（または 100）万円

＊世帯人数が１人の場合は、各該当欄の金額の３／４の額

その金額は、「基礎支援金」が最大100万円、「加算支援金」が最大200万円です。

自治体のウェブサイトなどで、被災者生活再建支援法の適用があるのかどうかなどを確認しましょう。

災害弔慰金

災害弔慰金は「災害弔慰金の支給等に関する法律」に基づき、一定規模の大きな災害により亡くなった方の「遺族」に対して見舞金を支払う制度です。法律では、遺族がお金を受け取ることができる唯一の制度になります。

ここでいう「遺族」とは、配偶者・子・父母・孫・祖父母をいいます。いずれも居ないという場合は、同居または生計を同じくしていた兄弟姉妹が受取人となります。

金額は、500万円または250万円と、かなりまとまった金額になります。

①家族の生計を維持していた方が死亡した場合　500万円

②それ以外の方が死亡した場合　250万円

「生計を維持していた」といえるかどうかは、地域の実情等に応じて判断されることになっています。単に収入が多いほうが亡くなったから500万円ということではありません。

なお、災害弔慰金は、該当する災害発生から３か月のあいだ行方不明だった場合には死亡したものと推定するとしていますので、実際は行方不明の場合にも支払条件を満たします。

まとまった金額をもらえる一方で、家族にとっては多くの葛藤がある制度です。躊躇（ちゅうちょ）してしまう家族もいるようですが、条件を満たす場合には必ず申請していただきたい制度です。

貴重品等の紛失

貴重品や重要書類を紛失すると不便ですし、「知識の備え」がないまま失えば、不安になるかもしれません。しかし、一番大切なのは「身を守ること」

です。津波などが迫るなか、貴重品等を取りに戻るという危険はおかしてはいけません。「これだけ大きな災害だから、なんとかなるはずだ、支援や配慮があるはずだ」と考えるようにしてください。

また、貴重品等を紛失したことを知られたら悪用されるかもしれない、不利益を被るかもしれない、と思いこんでしまう被災者も多くいます。そのため、困っていることを外部の人に話したり、相談したりしないので、悩みの声が伝わらないのです。弁護士と面談してはじめて悩みを打ち明けたという事例も過去の災害ではあります。だからこそ、「なんとなるかもしれない」という心構えと、「知識の備え」が重要なのです。

以下、典型的な貴重品等について説明をします。

キャッシュカード・通帳・銀行印

再発行できます。身分証明書や免許証がなくても、柔軟な本人確認を行える場合があります。また、通帳やカードがなくても、預金の払い戻しができます。過去の災害でも、国から金融機関に、契約者などを支援し、柔軟な窓口対応をするように連絡がなされています。たとえば、定期預金の期限前払い戻しにも対応した実績があります。

生命保険・損害保険の証券

生命保険も損害保険も、契約会社にて本人確認ができれば、証券の紛失があっても手続きを進めることができます。加入している保険会社がわからないときは、一般社団法人生命保険協会・一般社団法人日本損害保険協会・一般社団法人外国損害保険協会に被災者のための契約照会窓口が設置されているので、そこに問合せ（電話）をすれば事足ります。いずれも、ウェブサイトで連絡先の電話番号を公開しています。

健康保険証（被保険者証）

医療機関等の窓口で提示する「保険証」が災害により失われたとしても、保険診療を受けることはできます（10割負担をせず、3割負担などでよいということです）。医療機関等の窓口で、被災者の本人確認が口頭などでできれば、保険証があるものとして扱われるのです。過去の大規模災害では、国から医療機関・福祉施設等に対して、保険証を紛失した被災者に適切に対応するよう連絡しています。また、さらに被害が甚大な被災者に対しては、自己負担分の猶予や減免措置などの運用がなされる場合もあります。このような知らせが出ているはずだ、ということを知っておきましょう。

権利証（登記済証）

土地・建物の権利証（登記済証・登記識別情報通知書）を紛失しても、それだけで不動産の権利を失うことはありません。また、登記を変更したりするには本人確認が結局必要になりますから、権利者以外の人に勝手に手続きされてしまう心配もほとんどありません。重要書類の紛失はそれだけで不安の種になりますが、一つずつ正しい知識で、不安を解消していきましょう。

公共料金や保険料等の支払い

平常時であれば、問題なく支払いを続けられる公共料金や生命保険などの保険料であっても、ひとたび災害にあって財産状況が悪化したり、収入が途切れたりすれば、支払いが生活を圧迫していきます。大規模災害時には、多くの公共料金が一時支払いを止めるなどの対応をします。減額や免除の対応もありえます。ただし、自分からその申請をしなければいけないケースもあります。災害直後の時期は大変ですが、電気・ガス・水道等の公共料金がどうなるのか、公共放送料金や電話料金、会費等の各種支払はどうなるのか、それぞれの事業者へ問い合わせたり、ウェブサイトをチェックしたりしてみましょう。

これまでの大規模災害の無料法律相談での経験からすると、生命保険会社、損害保険会社、携帯電話会社の発信する情報（支払猶予や免除など）は、特に被災者のニーズが高いと考えられます。

4章 被災者の生活再建を支える法制度

住まいの再建をめざす

災害直後には、身の回りの、貴重品等の紛失への対応、今後の生活のための支援が受けられるか、差し迫るお金の支払いへどう対応するか、が大きな課題となります。

しばらくすると、本格的に「生活を再建する」「新たな住まいを手に入れる」「トラブルを解決する」ための手続きを具体的に進めていく必要が出てきます。ここでは、特に重要な制度を解説します。

自然災害被災者債務整理ガイドライン

過去の大規模災害で必ず出てくる被災者の悩みとして、住宅ローンなどの支払いに関するものがあります。「災害により収入が減り、支出も増え、住宅ローンが支払えなくなるが、どうしたらよいか」「破産してしまうと、借金は免責されるかもしれないが、ブラックリスト（信用情報登録）により新たな借入れができず、住まいを再び手に入れることや、事業の再建ができない」という深刻な声です。

この解決策の一つとして、東日本大震災後に誕生した制度が「自然災害による被災者の債務整理に関するガイドライン」です。詳細な手続きについては、一般社団法人東日本大震災・自然災害被災者債務整理ガイドライン運営機関のウェブサイトで解説されています。実際に災害が起きたときには、弁護士の無料法律相談でも丁寧に解説できるので、まずは相談することをおすすめしたいと思います。

災害前から支払っていた既存のローン（「被災ローン」と呼んだりします）が支払えなくなったり、将来支払えなくなりそうな場合には、このガイドラインの利用を検討する必要があります。一定の条件を満たせば、特定のローン（通常はメインバンクの住宅ローンや事業ローン、奨学金ローン、車などのローンが事例としては多いように思います）について、金融機関等の合意を得て、必要な財産を残したうえで、債務免除（減額）が実現できる場合があります。正確には、簡易裁判所の特定調整という制度を利用して、合意に至ります。

利用できるのは、個人（個人事業主を含む）に限られ、年収が一定水準以下である必要もあります。ただし、家族構成によって柔軟な対応も望めるので、まずは相談するということを大切にしてください。

ガイドラインを利用するメリットは、

①破産手続きとは異なり、信用情報登録されないので、新たな借入れの妨げにならない。

②弁護士等の「登録支援専門家」の支援を無料で受けることができる。

③最大500万円の現預金、家財地震保険金最大250万円、被災者生活再建支援金や災害弔慰金などの差押禁止財産など、相応の規模の財産を手元に残すことができる（被災ローンの支払の原資に算入しなくてよい）。

などがあります。これを利用しない手はありません。まずは利用できるかどうかをチェックするべく、弁護士の無料法律相談や金融機関の窓口に相談しましょう。

災害 ADR

「災害 ADR」（または「震災 ADR」）とは、被災地の弁護士会が行う和解のあっせん制度で、一方または双方当事者が被災者の場合に特別の配慮をもって行う裁判外紛争解決手続（ADR）のことです。「災害で借家の一部が損壊しましたが、賃貸人である大家さんが修繕してくれない。修繕したら費用を請求できるのか」（建物の賃貸借のカテゴリー）や、「震度６強の地震で自宅の壁が倒壊し、隣家に駐車してあった自動車を壊してしまったが、損害賠償責任を負うのか」（工作物責任・相隣関係のカテゴリー）というトラブルは、これまでの被災地でも非常に多い相談カテゴリーです。相手方の財産の問題や、裁判まではしたくないという当事者の希望もあり、当事者どうしで解決をみるのは、なかなか困難な事例ばかりです。

そこで「災害ADR」が活躍します。弁護士が中立な立場で和解のあっせん人となり、当事者の言い分をよく聞いて、話し合いによる解決をめざします。申し立てる当事者も、裁判ではないので心理的なハードルが低くなります。裁判所の判決とは異なり、柔軟な解決を弁護士が提示できるのも魅力です。被災地でトラブルが残っている場合には、弁護士会が「災害ADR」を開いているかどうかをチェックし、問い合わせることをおすすめします。

金融支援

住宅復旧のために独立行政法人住宅金融支援機構による「災害復興住宅融資」制度があります。建設や新築住宅購入、補修などのメニューに応じて上限額などが設定されているため、借入条件や金利については、住宅金融支援機構に確認する必要があります。

また、注目しておきたいのは災害住宅融資のなかの「高齢者向け返済特例」です。これは、60歳以上の高齢者の場合、自宅の土地や建物を担保に入れて資金を借り入れ、亡くなったときに物件を売却するなどして返済する、いわゆる「災害版リバースモーゲージ」です。存命中は利息のみの返済でよいので、支出はわずかですみます。活用例としては、一部損壊や半壊した自宅を修繕する一括資金が用意できない場合、リバースモーゲージで自宅と土地を担保に入れて、資金を借り入れて修繕を果たし、存命中には利息だけ支払って、自宅に住み続けるということが考えられます。

応急修理制度

応急修理制度は、「災害救助法」に定められている救助支援メニューの一つです。災害救助法が適用された災害において、自宅が大規模半壊・半壊・準半壊（半壊に準ずる程度の一部損壊被害）した世帯では、居室・台所・トイレなど日常生活に必要な最小限の部分を応急的に修理する場合に、業者が被災者のもとへ派遣され、一定範囲の修繕を行います。大規模半壊や半壊の場合は約60万円分、準半壊の場合は30万円分が支援されます。しかし、結局半壊などしている自宅は、この金額では十分な修理はできません。自己資金とあわせての修繕が必要になることが多いようです。所得要件などもあります。どのような条件で利用できるのか、まずは市町村に問い合わせて、修繕を選択する場合には、この支援を忘れないようにしてください。なお、自力修繕後にさかのぼって費用だけを請求することは、原則できません。「知識の備え」で利用もれがないようにしたいところです。

さらに、応急修理制度を利用すると、仮設住宅への入居ができないので、注意が必要です。自治体のお知らせによく目を通す必要があります。

5章 災害復興法学が託す復興政策の未来

災害復興法学の役割

Ⅰ部の最後の章になりました。災害復興法学とは何かを、ここでまとめておきたいと思います。東日本大震災からちょうど7年が経過した2018年3月に、NHKの「視点・論点」という番組でお話しした内容です。

「災害復興法学」とは、被災者の声に応える、新たな法律や制度をつくることをめざして研究と実践を繰り返す学問です。

私は、その役割を4つに整理しています。

①災害時の弁護士による無料法律相談の事例から、被災者のニーズを集め、傾向や課題を分析すること
②既存の制度や法律の課題を見つけて、法改正などの政策提言を実施すること
③将来の災害に備えて、新たな制度が生まれるプロセス（復興政策の軌跡）を記録し、政策の手法を伝承すること
④災害時に備えて、「生活再建に役立つ法制度の知識」を習得するための防災教育を行うこと

災害復興法学は、東日本大震災後1年余りのうちに弁護士らが被災者に実施した、4万件以上の無料法律相談の内容をとりまとめたこときっかけに生まれました。東日本大震災発生当時、弁護士資格をもちながら内閣府で政策立案などを担当していた私は、これまでの弁護士としての経験と政府での経験をともに活かせないかと考えました。そこで、被災者の声の分析して、新しい法律を提言すべきだと日弁連に進言たところ聞き入れられ、内閣府を兼業しながら、弁護士の立場で日弁連の災害対策本部においても役割を担うこ

とになったのです。

震災後１年のうちは、相談事例の収集と分析、目に見えるかたちでのグラフの作成などを精力的に行いました。そして、法制度を改善するための提言の資料として、被災者の声の分析結果が活用されるようになってきました。

とはいえ、そこまでして、どうして法制度の改善が必要なのでしょうか。

実は、すでに紹介したように、「被災者生活再建支援法」「災害弔慰金法」「災害救助法」など、被災者を支援する法律はそれなりに揃っています。しかし、被災者に知られていなかったり、利用しにくい点があったりして、十分な支援ができていないことがわかりました。このため、既存の法律や制度を改善したり、正しく周知したりすることが重要です。

被災者に寄り添う立場の弁護士や法律の専門家は、それに貢献すべきと考えました。そこで誕生したのが、被災者の声から新しい制度を生み出し、残された課題を伝えることをめざす「災害復興法学」です。

復興政策の軌跡

被災者の声からどのような制度がつくられたのでしょうか。代表的な事例をいくつか見てみます。

相続放棄の「熟慮期間」の延長

亡くなった方に借金が多くあった場合などに、相続をしないようにする手続きである、「相続放棄」の申請期限の問題です。期限は、亡くなったことを知ったときから３か月です。家庭裁判所へ申請をしなければなりません。被災者からは「亡くなった家族の正確な財産がわからず、短い期間では放棄をすべきかどうか判断できない」という声が多くありました。そもそも相続放棄という制度自体を知らない方のほうが多かったかもしれません。このような被災者の悩みに接してきた弁護士の提言をきっかけとして、相続放棄の期限を延長する臨時の特別法（「東日本大震災に伴う相続の承認又は放棄をすべき期間に係る民法の特例に関する法律」）が、東日本大震災後に応急措置でつくられました。実際は、2011 年 11 月末日まで延長されました。

その後、この制度はほかの災害でも利用すべきだという議論が高まりました。そして、政府が「特定非常災害」（著しく異常かつ激甚な非常災害）であると判断し、「相続放棄の期間を延長する」という政令を出せば、１年以内の期間で延長できるという法律が誕生しました（正確には「特定非常災害の被害者の権利利益の保全等を図るための特別措置に関する法律」の改正）。政令は、国会の決議が不要で、内閣（政府）が自ら発令できるものであり、機動力があります。

このように、東日本大震災の際の臨時法が、恒久法に格上げされた例もあるのです。この新しい法律は、熊本地震、西日本豪雨および令和元年台風19号被害でも発動され、政令も発令されています。

原子力損害賠償紛争解決センターの設置

原子力発電所事故による複雑な損害賠償問題を解決するには時間と負担がかかりすぎて生活再建ができなくなってしまう、という相談が弁護士へ寄せられていました。解決のためには、裁判よりも、簡素で、迅速な、手続きが必要でした。これを受けて、弁護士らの提言によって、「原子力損害賠償紛争解決センター」という、裁判によらず和解をめざす紛争解決機関（ADR機関）が、政府内につくられました。

余談ではありますが、私は、このセンターの設立にも関わり、内閣府と日弁連災害対策本部の任期を終えた2011年12月から2017年７月まで、センターにて、原子力損害の被害者と電力会社との和解仲介業務を担う調査官業務に従事していました。何万人という被災者がこの制度を利用しています。

個人債務者の私的整理に関するガイドラインと自然災害被災者債務整理ガイドライン

東日本大震災が発生したとき、被災者の抱える課題のなかでも一番重要だったのが、住宅ローンが支払えなくなった被災者の問題です。図７は、津波被害のあった宮城県沿岸部の95か所の避難所で災害直後に実施された、約１千件の無料法律相談事例の分析結果です。住宅ローンなどの支払いが困難になった被災者が、全体の約２割にも及んでいたことが明らかになりまし

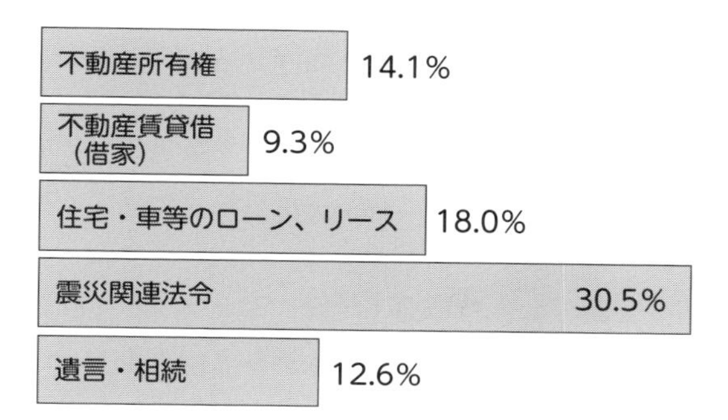

図７　宮城県沿岸部95か所の避難所の無料法律相談事例の分析結果（2011年4月29日から5月1日）
日弁連「東日本大震災無料法律相談情報分析結果」をもとに作成

た。ところが、効果的な支援制度はなく、法的に破産手続きをとることはできても、その結果、新たな借入れができなくなるなど、生活再建へのデメリットが大きくて利用できない、という声が多くありました。

このような被災者の声と、それをまとめたデータをもとに、新しい解決のしくみが提言されました。そして、2011年７月に、「個人債務者の私的整理に関するガイドライン」、通称「被災ローン減免制度」ができたのです。この制度は、４章で解説した「自然災害被災者債務整理ガイドライン」とほぼ同様の制度で、被災した債務者が金融機関と合意をすることで、公的な支援金や相当程度の現預金のほか、一定の資産を残したうえで、それを超える金額のローンを免除できる制度です。

このガイドラインは、東日本大震災でのみ使える制度でした。しかし、その後も粘り強い議論が関係者で重ねられました。その結果、2015年12月には、災害救助法が適用された自然災害に共通して利用できる「自然災害被災者債務整理ガイドライン」が成立するに至りました。

残された課題の伝承

東日本大震災以降、多くの国民が災害復興政策にも関心を寄せ、それらが原動力となり、制度の改善や新しい制度の誕生につながりました。しかし、この動きはまだまだ続けなければなりません。

たとえば、「自然災害被災者債務整理ガイドライン」には、まだ課題が残っています。金融機関に対する法的な拘束力がないことです。ですから、金融機関によっては、返済期限などの条件が折り合わずに、被災者との合意に至らないケースもあります。

内閣府中央防災会議では、首都直下地震では最大60万棟以上、南海トラフ地震では最大200万棟以上の住宅が、全壊などの被害を受けると試算されました。このような大規模災害が発生すると、住宅ローンの支払いができなくなる被災者もたいへん多くなると見込まれます。現在のガイドラインでは、金融機関と個人との交渉による対応しかできませんので、解決できる件数にも限界があります。

これらの課題をふまえると、金融機関の違いで不利益がでないよう、どこで災害が起きても一定の要件で被災者の債務を減免できるように、法律上の拘束力があるしくみをつくっておく必要があります。自然災害被災者債務整理ガイドラインの「立法化」が残された課題なのです。

もうひとつ、現行法制度の課題を述べます。

３章でも述べた「被災者生活再建支援金」は、住宅が全壊や大規模半壊になった世帯への支援ですが、住宅が半壊や一部損壊の場合には、支援金は支払われません。被害認定の「線引き」で、いまなお自宅が修繕に至らない方々もいます。これも支援方法をより柔軟にするよう改善すべき分野といえます。たとえば、一部損壊や半壊への修繕制度を拡大させるとか、支援金を一部損壊などにも支給できるように改正することが求められます。すでに独自に条例をつくって支援をしている自治体もあります。そうであれば、もう国のレベルで手当てをしてよい段階にきていると思います。私は「半壊の涙」をなくそうという提言をしているところです。

また、被災者生活再建支援法の適用には、そもそも「10世帯以上の住宅全壊被害が発生した市町村」等の要件が必要でした。西日本豪雨や過去複数の竜巻被害では、ある市町村では要件を満たすが、ある市町村では満たさないという事例もありました。市町村をまたぐ局所災害で頻出する現象といえます。同じひとつの災害でも格差があるのはおかしいとは思いませんか。「一災害一支援原則」であるべきなのに、「境界線の明暗」があることには、是正が必要ではないでしょうか。

このような、残された課題や提言を記録し、将来へ伝えることも、「災害復興法学」の役割です。

防災教育の実践

防災教育といえば、災害直後に命を守るための訓練が連想されますし、それは最も重要なことです。一方で、命を繋いだのちに、生活再建への希望をもてることも必要です。せっかくの支援の制度が使われないまま、ということは避けるべきです。そこで、「生活再建の知識の備え」の習得を防災教育の段階から実施することが重要です。

たとえば、被災して何から手をつければよいかわからない、という場合であればこそ、住宅の被害認定が記載された「罹災証明書」が発行される、ということを、知っておくことが重要です。被害の程度に応じて、支援金等を受け取ったり、公共料金等の減額や免除を受けたりすることができます。「罹災証明書」を知っておくことは、再建への希望の第一歩となるのです。

住宅ローンを減免するための被災ローン減免制度である「自然災害債務整理ガイドライン」についても、速やかな相談のためには事前の知識が不可欠です。

災害復興法学の授業風景

自宅が全壊した場合などに支給される「被災者生活再建支援金」や、災害で亡くなった方の遺族に支払われる「災害弔慰金」など、生活再建に役立つ給付金があることを知れば、生活再建のプランも変わってくるはずです。

１章から４章までの「知識の備え」の「新しい防災教育」を広げようという原動力は、この「災害復興法学」が誕生する経緯に由来しているのです。

Ⅱ部　伝える：被災者支援と図書館の役割

どう伝える!? 生活再建に必要な情報
現状 被災者に必要な情報が伝わらない
金融上の措置してね!
国・政府
金融・保険
大量の通知
生活再建に必要な様々な情報
支援団体 NPO
自治体
災害時支援情報
未整理の情報
情報が伝わらない!!
情報は沢山あるのに被災者には届いていない…!
被災者
知識不足で、必要な情報の見つけ方・見わけ方がわからない
そこで図書館の出番!!
支援
図書館
司書
図書館は災害時における情報コーディネーターの特性を持っている!!
役に立つ情報をとりまとめ
わかりやすく加工
伝える
どうぞ

提案
図書館で復興情報アーカイブ化
一元的とりまとめ
知恵ぶくろ
国・政府からの、今までの復興支援情報のファイリング・アーカイブ化
平常時に過去の対応を知る
⇒支援者の養成テキスト
⇒災害時の資料
⇒収集シミュレーション
う〜ん
?
このままじゃ難しすぎて一般の人にはわからないぞ…
〈災害後〉
図書館ニュースを発行しよう!!
復興情報アーカイブを作ったノウハウを駆使
図書館ニュース
専門知識がなくてもわかる!!
図書館員
災害後 行政が発信する情報をとりまとめ
生活再建に役立つ制度など…
被災者に必要な情報の提供
定期的に発行することで、今すぐ役立つ"生"の情報が集まる!
問題解決型図書館
他の機関・窓口とつなぐ役割
生活再建情報コーナー
人があつまり合意形成の話しあいの場へ…
図書館が"復興まちづくり情報センター"に!!

6章 情報が被災者に伝わらないわけ

発信だけでは伝わらない

皆さんは、「罹災証明書」「被災者生活再建支援金」「自然災害被災者債務整理ガイドライン」などの役立つ制度の情報が、なぜ被災者に知られていないのか、疑問に思ったのではないでしょうか。被災者は、テレビ・新聞・ラジオ・インターネットによるニュースやSNS（ツイッター・LINE・フェイスブックなどのソーシャルネットワークサービス）からの情報、自治体の窓口での直接の説明、避難所の壁新聞や掲示板、図書館や公民館のパンフレットコーナー等、あるいは住民どうしの口コミ等を通じて、災害後に発信される情報を入手し、必要な手続きを行えるのではないか、と思ったのではないでしょうか。

しかし、実際に情報は伝わらないのです。正確にいえば「情報はしかるべき国などの担当部署からさまざまな形で発信されているが、被災者にまで届いていない」のです（図８）。伝わらないというよりも、情報が存在していることに被災者は気づけないということもあります。どうしてこんなことが起きてしまうのでしょうか。

その原因のひとつは、情報を受け取る側の準備がととのっていないことにあります。「罹災証明書」や「被災者生活再建支援金」という制度が、どういう制度なのかを知るためには、災害後にそれらが使える必要な情報であるという知識がなければ、チラシなどを見ても、目に留まらないのではないでしょうか。インターネットを使って検索しようとしても、検索キーワードとして適切なものを入力できるとは限りません。偶然、検索結果の上位に、必要な制度が列挙されていたとしても、はたして、そのなかで今現在みるべき正しい情報だけをクリックすることができるでしょうか。

仮に、国や自治体が発行する公式の資料や冊子、お知らせページなどにたどりついたとしても、そこでまた問題が出てきます。「家も仕事も津波で失ってしまった。いったいどうしたらよいのか見当がつかない」「住宅ローンの支払いが迫っているが、仕事がなくなってしまったので、支払いはもうできなくなった。どうしたらよいのか」という、今置かれている絶望的な状況に対して、被災者が必要な制度をうまく取捨選択できるでしょうか（必要な制度を取捨選択することは、弁護士などの法律家でも難しい作業です）。

私自身も、東日本大震災が起きたときには、「罹災証明書」や「被災者生活再建支援金」という言葉はまったく聞いたことがありませんでした。被災者の相談を分析する過程で、災害対応の経験がある先輩弁護士の研修を受けたり、国の資料を相当読み込んだりした結果、やっとそれらの情報がどこにいけば解説されていて、どのような形式で国が情報発信しているのか、少しずつわかり始めてきたにすぎません。制度の背後に、法律や過去の運用実績があるとは思っていなかったというのが正直なところです。

このように、３章・４章で解説した制度こそがまず大切だと、あらかじめ知っていることが、情報を受け取るために必要なのです。

公的な支援情報ほど周知は難しい

災害が起きると、被災者を支援するための制度を担当している国などの部署から、自治体や業界団体などへ災害後の対応や制度を紹介する情報を発信します。役立つ制度がありますから（新しくつくりましたから）、被災者へ伝えてください、と国から自治体や業界団体へお願いするわけです。

一般に「通知」「事務連絡」等と呼ばれているお知らせや助言です。しかし、その情報は、自然災害が巨大であればあるほど、件数も膨大になります。各省庁の局や課が、こぞって被災者支援を始めるので、膨大な情報が現場に押し寄せるのです。たとえば、東日本大震災では、2011年３月から８月の間で、優に1,000通を超える「通知」や「事務連絡」が、国から自治体へ発信されています。当時「災害救助法」や「災害弔慰金」などの災害関連の法律を多く担当していた厚生労働省は、そのうち少なくとも500の通知等を発信しているのです（私が代表を務めたプロジェクトチームが作成した「東日本大震災通知・事務連絡集」というウェブサイトにまとめています）。

被災した自治体が、膨大な情報のすべてを理解し、直ちに対応するには限界があります。内容も、日常業務では扱ったことがない新しい制度ばかりです。自治体の現場では、それらの情報を受け取って、十分に理解し、その制度を必要としている住民へ周知・伝達するだけの余裕もノウハウも不足しています。結局、被災者には情報が届かないか、不十分な情報の再掲載だけにとどまってしまいます。

金融機関での情報収集にも限界

銀行や保険会社などの金融機関は、住宅ローンや保険契約の契約者等に対しては、被災時の支援内容を積極的に被災者（契約者）に伝えてくれる場合もあります。ところが、契約内容とは別の災害時に特有の制度については、必ずしも十分な情報提供がなされてきませんでした。

大規模な災害（たとえば、災害救助法が適用されるレベルの災害）では、財務省や金融庁、日本銀行等の公的機関が、「金融上の措置」というお知らせを、すべての金融機関へ通知しています。そこには、契約者の実情に応じた支払いの猶予措置（支払期日を延期するなど）や返済条件の変更（リスケジュール）へ柔軟に対応すべきこと、災害時特有の優遇措置の紹介、「自然災害被災者債務整理ガイドライン」の契約者への周知と説明を促すことなどが、詳細に指示されています。しかし、営業窓口や相談窓口において、担当者の知識や災害時の被災者支援のノウハウが十分ではなく、これらの説明がないまま、ということはめずらしくありません。

東日本大震災のときには、住宅ローンを減免できる「個人債務者の私的整理に関するガイドライン」（５章）について積極的な説明を銀行側からしてもらったという経験のある被災者は、制度発足から１年経過してもほとんどいませんでした。無料法律相談などで弁護士と面談したことで、はじめて「ガイドライン」が利用できるかもしれないことを知ったという被災者が大多数です。これは、同様の制度である「自然災害被災者債務整理ガイドライ

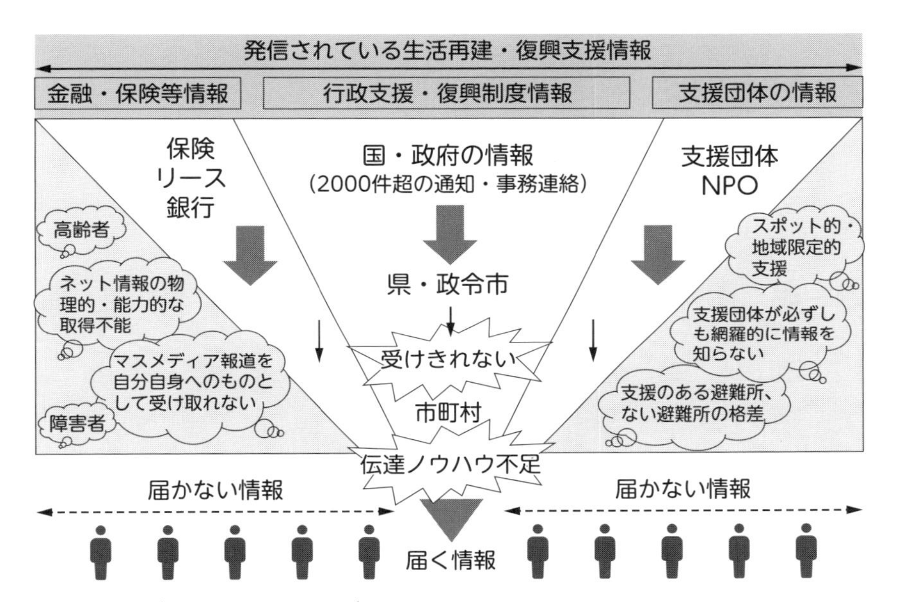

図８　情報が伝わらないメカニズム
▶情報は、そもそも関連するキーワードが共通認識になっていないと、「伝わらない」「届かない」「認識しない」のです。

ン」（４章）の運用が開始されたのちの熊本地震や西日本豪雨においても、同じ傾向です。「何かあれば金融機関のほうから教えてくれるから、言われたとおりにしておけば大丈夫」と安心はできないのです。

7章
復興情報と図書館
ラストワンマイルをつなぐ３つのステップ

図書館と復興情報

図書館とは、「図書、記録その他必要な資料を収集し、整理し、保存して、一般公衆の利用に供し、その教養、調査研究、レクリエーション等に資することを目的とする施設」であり、自治体が設置する場合は「公立図書館」、赤十字社や一般社団・財団法人が設置する場合は「私立図書館」とされています（図書館法第２条）。このほかにも、各主体が設置する専門図書館や民間図書館などが存在しています。そして、「さまざまな方法で記録化された資料やインターネット上の情報を社会的な共有資源として認識し、それを求める人々の利用に供す」ための場所であるともいわれ[3]、現代の社会に応じて求められる役割も大きく変化しています。

なかでも、公共図書館は、「赤ちゃんからお年寄りまで利用者の年齢を選ばず、職業や収入も選ばず、無料で使える稀有な公的施設」で「人生にチャンスを与え、私たちの暮らす町をより豊かにする可能性を秘めている施設」です[4]。それは「憲法によって保障された“国民の健康で文化的な最低生活を営む権利”であり、“教育を受ける権利”の内容であり、かつまた教育基本法にいわゆる「教育の機会均等」」の実現[5]そのものといえるでしょう。このような、だれにでも（障害のある方や高齢者、そして児童に対しても）分けへだてなく市民の知的自由を支える資料を収集し提供する公共図書館の機能は、「市民の図書館」とも表現されています。

情報は「本」に限らず、いまやインターネットやSNSのなかに無限に広がっています。だからこそ、有益な情報を必要な人に結びつけるための専門的役割を担う「図書館」や司書をはじめとする専門職の活躍を期待したいところです。

災害後には、多くの被災者支援や復興に向けた有益な情報が、主に国、自治体（住民等への情報発信者であると同時に国からの情報の受信者でもある）から発信されます。その情報を「生活再建の法制度に関する知識の備え」として、収集することを図書館が担えば、被災者にとっての情報センターとしての新たな役割が誕生します。

放っておけば消え去ってしまうような記録の断片や分散していては意味をなさない情報を、図書館が意識的に1か所に「集める」ことで情報に付加価値をつけることができるのです。図書館が被災者にとっての情報ステーションとしての役割を果たし、さらには「学びのコミュニティ」（14章）という新しい価値をも生み出すのです。

ラストワンマイルをつなぐコーディネーター

必要な情報が、必要な人に行きわたるためには、ただ情報を発信するだけではなく、届け、伝え、理解してもらうことが必要です。もちろん、被災者のなかには、自ら積極的に情報収集と取捨選択を実施し、行動できる方もいるでしょう。しかし、多くの場合は、外部の支援者の力が必要になります。

たとえば、弁護士は、災害後に「無料法律相談・情報提供活動」を実施してきました。個別面談や電話の相談窓口を開きます。そこでは、国等から発信されている情報のなかから必要な情報を見つけ出し、被災者に説明して制度の利用を促します。図9は、情報が伝わらないメカニズム（図8）を克服するために、弁護士が関係機関と連携して情報提供ルートを複線化した様子や情報コーディネーターを担った様子を表しています。

どんなに重要な情報であっても、国などが発信した文書や言葉遣いのままで、一方向に発信（ウェブサイトへの掲載や広報誌への転載など）するだけでは、被災者に伝わりません。役立つ情報を取りまとめ、わかりやすく加工して伝える役割を、だれかが担う必要があります。すなわち、災害時における情報整理・伝達を行う情報コーディネーターの存在が不可欠なのです。

図書館は、その情報コーディネーター、つまり災害後に被災者の生活再建に役立つ情報を収集し、それをわかりやすく加工・デザインし、そして情報

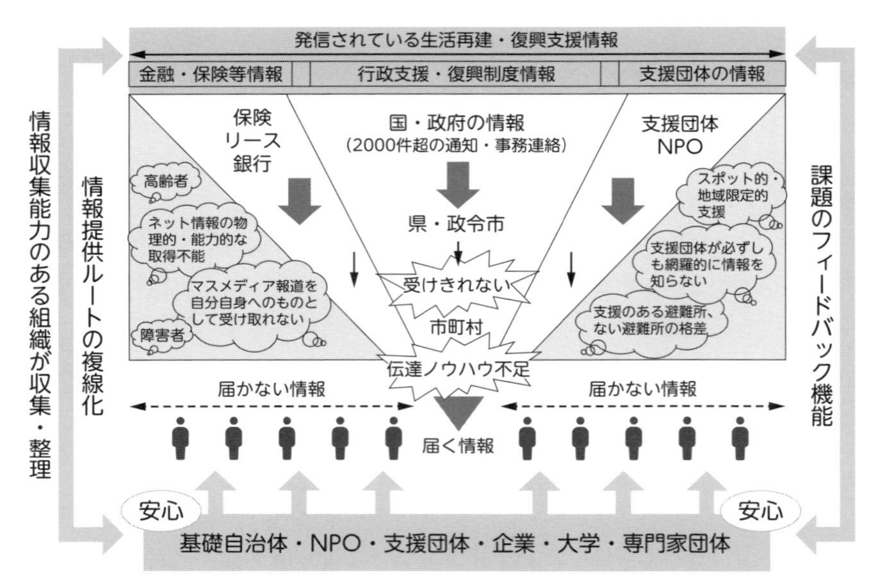

図９　情報提供ルートの複線化と課題のフィードバック機能

を発信していく場になれると考えています。１章から５章までを通じて「知る」ことができた、災害後の被災地の実情と被災者の生活再建に対するリーガル・ニーズの実態を、実際に災害が起きたときに生かしてほしいのです。

たとえば、図書館司書の方は、利用者のニーズを察知するところから始まり、必要な資料自体を知って収集し、それらを利用者と「結びつける」ことがミッションの一つです。いうまでもなく、「ライブラリアンの任務は、伝統的なコレクションの管理人という役割を演じることではなく、利用者にとって必要な情報を伝達する手助けをすることにあります」[6]。利用者の暮らしを豊かにすることに貢献し、生きる希望を与えることに努める専門職です。そして、専門職の方がいるからこそ、図書館は市民の生活を支えることができます。

すでに図書館を利用している「被災者」も、図書館に縁が薄かった「被災者」も、「図書館に行けば災害後の生活再建のヒントがまとまっている」という安心感を得ることができるのではないでしょうか。同じ市町村の部署でも懸命に被災者の生活再建に役立つ情報を発信し、冊子やパンフレットもつくっています。しかし、すでに述べたように、それだけでは、被災者は必要な情報を得ることができず、生活再建に向けた一歩を踏み出すことができません。それらの有益な資料や情報を図書館利用者へと結びつけるコーディネーターの役割を担うことは、まさに、図書館の本来の役割といえるのではないでしょうか。

災害時に図書館に担ってほしい３つのステップ

いかにして被災者に役立つ情報を伝えればよいのでしょうか。また、前提となる情報の収集により、地域にどのような利益が生み出されるのでしょうか。災害後の図書館には、担ってほしい３つのステップがあります。１つめは、「復興情報アーカイブの作成」（８章）、２つめは「図書館ニュースの発行」（９章）、３つめは「生活再建情報コーナーの設置と復興まちづくりの拠点としての役割」（10章）です。

文部科学省「これからの図書館の在り方検討協力者会議」による「これからの図書館像：地域を支える情報拠点をめざして（報告）」（2006年３月）では、図書館の基本的なあり方として「図書館は、他のメディア提供手段（書店、マスコミ、インターネット）と比べて、出版物に発表された正確で体系的な知識・情報を蓄積・保存して提供するとともに、マスコミやインターネットが提供する情報を案内・提供することができる。この点で、あらゆる情報を一個所で提供しうる「ワンストップサービス」機関であり，職員がそれを案内するサービスを行う点に特徴がある」としています。

また、文部科学省「地域の情報ハブとしての図書館：課題解決型の図書館を目指して」（2005年）では、「ビジネス支援」「行政情報提供」「医療関連情報提供」「法務関連情報提供」「学校教育支援（子育て支援含む）」「地域情報提供・地域文化発信」が新しい図書館に期待されるものであると提言しています。地域の情報拠点として被災者の生活再建に役立つ情報を提供する場をつくることは、課題解決型図書館の本来的な役割だといえます。

８章から10章で詳述する３つのステップは、図書館がワンストップサービスを担い、課題解決型図書館として、住民に必要な情報を整理・提供するためのノウハウとアイディアを提供するものです。

災害により大きな被害を受けてしまった被災者は、自ら生活再建に必要となる情報や制度を探索したり、公私双方において生活再建に関する悩みを容易に開示したりすることができません。被災者は多くの場合「情報弱者」にもなりやすいのです。また、高齢者や障害者など、心身へのサポートを必要とする方は、特に情報を得ることが難しくなります。近年「障害者の権利に関する条約」の批准（2014年）や「障害を理由とする差別の解消の推進に関する法律」の施行（2016年）に伴い、「図書館のアクセシビリティ」の向上がしきりに叫ばれ、2019年7月には「視覚障害者等の読書環境の整備の推進に関する法律」（読書バリアフリー法）も施行に至りました。被災者のための情報を整理し、わかりやすく「伝える」ことは、だれもが隔てなく利用できる図書館の実現に大いに寄与するはずです。

8章
ステップ1
復興情報アーカイブで産学官の支援者の知恵袋に

まずは復興情報アーカイブに挑戦してみる

大きな災害が起きた場合、図書館が被災者支援や復興に役立つ情報を「社会的な共有資源として認識」して「求める人々の利用に供する」ことをめざします。そのためのシミュレーション訓練が実はできるのです。

それが復興情報のアーカイブ化、具体的には、ファイリング作業です。大規模な災害が発生すると、被災者の生活再建に関する情報を国の府省庁がこぞって発信します。そのなかから、いわゆる被災者個人向けのものをピックアップし、ファイリングする作業に挑戦してみます。といっても、東日本大震災では半年でも1,000件を超える「通知」や「事務連絡」が国から発信されているので、何年にもわたって発信される情報を網羅することは一朝一夕にはいきません。特定の省庁が発信した情報に限定して挑戦してみてもよいでしょう。東日本大震災とは異なる、熊本地震や西日本豪雨、あるいは「災害救助法」が適用されたほかの災害を扱うことでもよいでしょう。

たとえば、「熊本地震」において、国の「内閣府（防災担当）」がウェブサイトで公式に発信した「通知」や「事務連絡」に限定すれば、実はそれほど件数は多くありません（表2）。通知等には、熊本地震の発生直後から、避難所や仮設住宅の環境を向上させるために、災害救助法が定めている最低限度の救助の基準を上乗せすることで避難者の健康等を守るためのノウハウ（栄養士の派遣、トイレ環境整備、温かい食事の提供、バリアフリー対応等）が示されていたことがわかります。

また、効果的に資料を収集するのであれば、被災経験のある都道府県や市町村から、「ある災害の当時に被災者に対してウェブサイトで公表していた復興支援に関する通知・事務連絡などの情報」を譲り受けるということも考

表２　熊本地震において、内閣府（防災担当）がウェブサイトに掲載している関連「通知」や「事務連絡」の一覧

通知名	通知日
平成28年熊本地震における被災者支援の適切な実施について	平成28年４月15日
避難所の生活環境の整備等について（留意事項）	平成28年４月15日
福祉避難所の設置等の対応（情報提供）	平成28年４月18日
被災した方々の当面の住まいの確保について	平成28年４月21日
平成28年熊本地震に係る被害認定調査・罹災証明書交付の迅速化について	平成28年４月26日
平成28年熊本地震に係る当面の住まいの確保についての留意事項	平成28年４月26日
「平成28年熊本地震による災害についての特定非常災害及びこれに対し適用すべき措置の指定に関する政令」について	平成28年４月28日
平成28年熊本地震に係る災害救助法上の留意事項等	平成28年５月２日
平成28年熊本地震における避難所の暑さ対策について	平成28年５月５日
平成28年熊本地震に係る応急仮設住宅としての民間賃貸住宅の借上げについて	平成28年５月９日
農地等を応急仮設住宅の用に供するために一時使用する場合の贈与税の納税猶予等の特例措置の適用について	平成28年５月12日
平成28年熊本地震における被害認定調査・罹災証明書交付等に係る留意事項について	平成28年５月20日
避難所における食生活の改善について	平成28年５月20日
平成28年熊本地震に係る応急仮設住宅について	平成28年５月24日
罹災証明書に関する被害認定の第２次調査の周知等留意事項について	平成28年５月30日
被害認定調査及び罹災証明書交付に係る留意事項について	平成28年６月６日
「平成28年熊本地震による災害についての特定非常災害及びこれに対し適用すべき措置の指定に関する政令の一部を改正する政令」について	平成28年６月21日

えられます。

災害発生後には都道府県や市町村のウェブサイトに被災者向けの支援情報が掲載されることがほとんどです。過去の対応を知っておくという意味で、災害時の実際の自治体の情報発信の過程をアーカイブ化・ファイリングしておく価値は高いと考えています。

復興情報アーカイブは支援者の学習素材

復興情報アーカイブをわざわざ行う意味はどこにあるのでしょうか。

第1は、東日本大震災以降に発信された、「通知」や「事務連絡」などの情報が一元的にまとまっているウェブサイトや書籍が乏しいため、図書館が自らそれらを作成し、次の災害でも類似の対応が行われるだろうという知識をあらかじめもっておく必要性です。

この一元的にまとめた情報は、国、自治体、被災者支援に関わる各種団体や専門士業にとっても貴重な情報源となり、支援者養成のためのテキストとしても活躍することでしょう。

第2は、資料収集行為そのものが、実際の災害後に被災者が欲する情報を国や自治体の部局から収集するシミュレーション訓練になるという点です。大きな災害では、似たような「通知」「事務連絡」が発出されています。アーカイブ化とファイリング作業は、実際の災害が起きたときに資料を収集するノウハウになります。

第3は、そのアーカイブ化された資料を読んで、その内容がいかに被災者にとって難しいのかを体感できることです。国が都道府県や業界団体に発信している「通知」「事務連絡」に書かれている情報の中には、被災者個人にとっても有益な情報がたくさん含まれています。しかし、収集作業やファイリングの過程で、文章や単語、言葉遣い、文字の量・大きさ等について、いろいろと課題を発見できます。個別のPDFファイルでは検索しづらいことも実感することでしょう。つまり、行政機関の発信している情報をそのまま公開するだけでは、専門家には役立っても、市民が直ちに利用できる資料にはなりにくい、と実感してもらえることでしょう。

9章
ステップ2
被災者支援となる図書館ニュース発行のすすめ

図書館ニュースの発行をめざす

実際に災害が起きてしまったときに、図書館がこれまでのノウハウを駆使して作成してほしいのが「図書館ニュース」です。

ここで私が考えている図書館ニュースとは、災害後に行政機関等が発信する「被災者の生活再建に役立つ制度」をまとめて、わかりやすく解説する、紙媒体のニュースレターです。チラシや壁新聞などの形式でもよいと思います。「図書館ニュース」の発行と配布によって、3章と4章で知った、災害後の生活再建に役立つ制度があることを、図書館利用者に提供することをめざします。

この「図書館ニュース」のヒントとなったのは「弁護士会ニュース」というものです。東日本大震災が起きたとき、津波被害が深刻だった岩手県沿岸部において、岩手弁護士会の弁護士たちが作成し、避難所等での相談時に配布したり新聞の折り込みチラシとして配布したりしました。また、福島第一原子力発電所事故により大規模な避難施設に滞在を余儀なくされた被災者の支援を実施していた弁護士たちが、「被災者にこれだけはまず知ってほしい。伝えておきたい」という情報をチラシにして配布しました。

「岩手弁護士会ニュース」（図10）は東日本大震災が起こったその月のうちに第1号が発行され、4万5千部が被災地の避難所を中心に配布されました。被災初期にみられる相談事例を列挙し、簡単な回答がされています。弁護士が被災者の声を必死に拾い上げた様子がうかがえます。その直後に発行した第2号では、「住居に関する支援」「紛失物の問題」「自動車に関する問題」「事業者の方への支援」「ご家族が行方不明の場合」など、ある程度整理された情報が提供されるようになりました。2011年5月には相続問題を特集した岩手弁護士会ニュース第3号を、同年11月には相続放棄の手続期限が迫っていたことから注意喚起をする第4号を発行するなど、被災者のニーズを先回りした情報提供を行っています。

この岩手弁護士会ニュースのスタイルは、その後の大規模災害の手本になりました。たとえば、2016年4月の熊本地震では、二度目の震度7の地震があった翌日4月17日に、「熊本県弁護士会ニュース」（図11）の第1号を3万部発行しました。支援する側にも貴重なとりまとめであると評価され、自治体や社会福祉協議会にも好評でした。その後、熊本市が予算を支出して2万部の追加配布が実現しています。2016年9月までの間に4号まで発行されました。

これら「弁護士会ニュース」を模して「図書館ニュース」を発行することを提案させていただきたいのです。専門士業だけによる情報提供ではなく、だれもが目にする公共の場に情報があってこそ、被災者は安心して情報を受

岩手弁護士会NEWS

岩手弁護士会作成
（平成23年5月10日）

○「色々と相談したい。」「どこに何を相談したらいいのか分からない。」どんなことでも結構です。お電話下さい。
→岩手弁護士会被災者ホットダイヤルにお電話下さい。月～土の午後1時～午後4時　0120－755－745
面談による相談をご希望の方は　019－623－5005でご予約を。
避難所等での法律相談も行っておりますので、是非ご利用下さい。

1　被災者の方への支援

○当面の生活費をどうにかしたい。
→生活福祉資金の貸付（緊急小口貸付）：市町村の社会福祉協議会が10万円まで（状況によっては20万円まで）貸し付けます。
詳しくは、岩手県保健福祉部地域福祉課にお問い合わせ下さい。
019-651-3111（内線5425）

○会社が被災したため、失業し、収入がなくなった。
→雇用保険の失業等給付制度による支援があります。
労働者の方が失業して、給料を得ることができなくなった場合等に、生活及び雇用の安定並びに就職の促進のために、求職者給付、就職促進給付、教育訓練給付、雇用継続給付を一定の要件を満たした方に支給する制度です。
事業所が災害を受けたことで休止・廃止したため、休業を余儀なくされ、賃金を受けることができない状態にある方は、実際に離職していなくても、失業手当を受給することができます。
岩手県内に所在する事業所に雇用されている方で、事業所が災害を受けたことで休止・廃止したため、一時的に離職を余儀なくされた方については、事業再開後に再雇用されることが予定されていても、失業等給付を受給することができます。
お近くの公共職業安定所（ハローワーク）が窓口です。

○労災保険
→震災が起きた際に仕事中だった、あるいは通勤中だった方で、被害にあわれた方は、労災保険制度により給付が得られる場合があります。
お近くの、労働基準監督署、労働局が窓口になります。

○避難先で生活保護を受けることはできるのか。
→避難所や実家・友人宅に避難をしている場合でも、生活保護を受けられる可能性があります。
厚生労働省は、各地の担当窓口に対して、被災者からの生活保護申請について、柔軟に、かつ、早急に対応するように指導していますので、ご利用になりたい場合は、避難先の市町村役場、福祉事務所にご相談下さい。
また、申請手続について、弁護士が同行することもできます。

2　支払の問題

○住宅ローンを支払う余裕がない。
→住宅金融支援機構からの借入については、被災の状況によって、1年～3年の支払猶予が受けられる可能性があります。
被災者専用ダイヤル　午前9時～午後5時（祝日、年末年始除く）
0120-086-353　かからないときは　048-615-0420
銀行等の金融機関から借りている場合は、借入先の金融機関にご相談下さい。
また、政府では、住宅ローンを残したまま、新たに住宅ローンを組まなければならないという状況に対処するため、負担を軽減するような方策を検討しています。

○住宅ローンの契約者が亡くなった。
→上記の住宅ローンについて、契約者が、被災でなくなった場合、ほとんどの金融機関では、住宅ローンを組むとき、「団体信用生命保険」という保険への加入を義務付けており、住宅ローンの支払の途中で亡くなった場合には、この団体信用生命保険により、住宅ローンがなくなる可能性があります。
住宅ローンの契約先に確認してみて下さい。

3　保険・共済の問題

○火災保険だけで地震保険に入っていないから、保険金はもらえないか。
→保険金は支払われませんが、保険（共済）によっては、火災保険に入っているだけで見舞金などが出る場合があります。一度、お入りになっている保険会社、共済に確認してみるべきです。
なお、どこの保険会社と契約しているか分からないときは、以下に問い合わせてみて下さい。
（社）日本損害保険協会
地震保険契約会社照会センター（0120－501－331）
月～金（祝日除く）の午前9時～午後5時
そんがいほけん相談室（0120－107－808）
月～金（祝日除く）の午前9時～午後6時
土日祝（春分の日）の午前9時～午後5時
（携帯・PHSからは03－3255－1306）

○災害弔慰金（災害弔慰金の支給等に関する法律）
→災害により、生計を維持していた方が亡くなった場合、最大500万円、その他の方が亡くなった場合、最大250万円を、ご遺族に支給する制度です。
支給の順位は、①配偶者、②子、③父母、④孫、⑤祖父母であり、具体的な金額は市町村が決定します。
支給を求める窓口も市町村です。

○災害障害見舞金（災害弔慰金の支給等に関する法律）
→災害により、生計を維持していた方が重い障害を受けた場合には最大で250万円、それ以外の方が重い障害を受けた場合には最大で125万円を支給する制度です。
重い障害とは、両眼が失明した、神経系統の機能又は精神に著しい障害を残し、常に介護を要する、胸腹部臓器の機能に著しい障害を残し、常に介護を要する、両腕をひじ関節以上で失った、両腕の用を全廃した、両脚をひざ関節以上で失った、両脚の用を全廃した、等の場合を言います。
窓口は市町村です。

○会社が閉鎖されたが、もらっていない給料がある。
→震災のために、会社が事業活動を停止し、従業員の方が賃金未払いのまま退職を余儀なくされたという場合には、国から未払い賃金の立替払い（未払い額の8割が基準）を受けることができます。
り災証明書の提出など、簡単な手続で処理をしてもらえるようになっています。
お近くの労働基準監督署にお問い合わせ下さい。

○災害救助法に基づく給付
→災害救助法では、避難所の設置や食事の提供のほか、被服、寝具その他の生活必需品の給与又は貸与、災害に係った住宅の応急修理、生業に必要な資金、器具又は資料の給与又は貸与、学用品の給与、埋葬というような支援が定められています。
例えば、学用品の給与は、災害で学用品を失った児童・生徒に対して、教科書、教材、文房具、通学用品を支給します。
現物支給が原則ですが、知事が必要に応じて、金銭を支給して給付することができます。
窓口は、県、市町村です。

○税金の支払はどうなるか。
→納付の期限が延長されたり、減免措置等が受けられる可能性があります。
所得税・消費税・法人税等の国税→各地の税務署にご確認を
個人事業税、不動産取得税、自動車税、自動車取得税等の県税
→お住まいの地域を担当する振興局にご確認を
市町村民税・固定資産税などの市町村税→各市町村にご確認を

○年金や健康保険料の支払はどうなるか。
→健康保険・厚生年金保険及び船員保険の保険料並びに子ども手当にかかる拠出金については、納期限が延長されます。
国民年金についても、支払が困難な場合は市町村や年金事務所に相談して下さい。
口座振替は止まらない可能性があるので、その点も市町村や年金事務所に連絡をして下さい。

○公共料金はどうなるか。
→電気・ガス・水道、下水道・固定電話・携帯電話・PHS等について、料金支払期限の延伸や免除等が受けられる場合があります。
それぞれの契約先に確認する必要があります。

○地震特約があるから、生命保険金は出ないか？
→今回の震災により、生命保険をかけていた方が亡くなった場合、ほとんどの生命保険会社は保険金を支払うことを決定しています。保険会社に確認して下さい。
なお、亡くなった方が、どこの保険会社と契約しているか分からないときは、以下に問い合わせてみて下さい。
（社）日本生命保険協会
災害地域生保契約照会センター（0120－001－731）
月～金の午前9時～午後5時

○地震・津波で自動車が壊れてしまった。
→車両保険は、原則として、地震・噴火・（地震、噴火が原因の）津波による災害による損害は補償対象外とされています。
地震・噴火・津波危険（車両損害）担保特約があれば、地震による損害も補償されるので、保険会社に確認してみましょう。

4　住居に関する支援

○り災証明書とは何か。これがあるとどうなるのか。
→り災証明書とは、市町村が、申し出により家屋の被害状況の調査を行い、その確認した事実に基づき発行する証明書で、各種支援策の基準となるものです。被害状況としては、全壊・大規模半壊・半壊・一部損壊等に分かれます。
市町村の発行体制が異なるので、市町村に確認が必要です。

○り災証明書で半壊とされたが、疑問がある。
→り災証明書を発行する際、市町村は、建物の外観や、簡単な聞き取りだけで評価をしてしまう場合があります。外観だけでなく、建物の内装の様子、ひび割れや浸水の度合いが分かるような写真などをできるだけたくさん準備し、実際の被災状況を明らかにして、再度窓口に行くと、評価が変わる可能性があります。後の支援金額にも関わる問題なので、一度であきらめずに、問い合わせて下さい。また、弁護士を同行して、窓口に行くこともできますので、ご相談下さい。

○被災者生活再建支援制度
→災害による住宅が全壊するなど、生活基盤に著しい被害を受けた世帯に対して支援金を支給する制度です。
二つの支援金が支給されます（災害当時、世帯人数が1人の場合は、各該当欄の金額が4分の3になります。）。

①住宅の被害程度に応じて支給する支援金（基礎支援金）

	住宅の被害程度	
	全壊等	大規模半壊
支給額	100万円	50万円

②住宅の再建方法に応じて支給する支援金（加算支援金）

	住宅の再建方法		
	建設・購入	補修	賃借
支給額	200万円	100万円	50万円

※賃借には、公営住宅を借りた場合を含みません。
例えば、住宅を全壊で失った方には、基礎支援金として100万円が支給され、その方が、新たに家を建てる場合には、加算支援金として200万円が支給されることになります。
一旦住宅を賃借した後、自ら居住する住宅を建設する場合の加算支援金は、まず賃借により50万円が支給され、その後建設により、合計して200万円になるまで支給されます。
住宅が全壊等又は大規模半壊した世帯が対象になります。「全壊等」とは、住宅が半壊し、又は住宅の敷地に被害が生じた場合で、当該住宅の倒壊防止、居住するために必要な補修費等が著しく高額となる場合を含みます。
申請先は市町村です。申請期間は、基礎支援金が災害発生日から13ヶ月以内、加算支援金が災害発生日から37ヶ月以内です。

5　紛失物の問題

○身分証明証がなくなってしまった。住民票はとれるか、免許証は再びもらえるか。
→住民票は市町村で、本人確認がとれれば交付を受けることができます。まずは市町村の窓口へ。
運転免許証は、再発行手続をして下さい。盛岡、久慈、金ヶ崎の運転免許センターや各地の警察署、臨時の窓口でも。

○銀行の通帳などがなくなってしまって、お金がおろせない。再発行してくれるのか。
→銀行の通帳、証書、カードなどについては、多くの銀行等で無料で再発行してくれます。各銀行の窓口に問い合わせて下さい。
身分証明証があれば持参し、それもないときはそのことも併せて相談してみて下さい。
銀行印がなくなった場合は、印鑑の変更の手続をとって下さい。

○実印や印鑑登録カードがなくなってしまった。
→実印がなくなった場合は、別の印鑑を準備して、登録印鑑を変更して下さい。
実印は手元に残っているという場合は、印鑑登録カードの再発行手続をとって下さい。
手続は市町村の窓口に確認して下さい。

○権利証がなくなってしまった。土地の権利がなくなるのか。売買などはできるのか。
→権利証がなくなっても、不動産の権利が失われるわけではありません。権利証は再発行される書類ではありませんが、権利証がなくても、売買や相続などは可能です。
他方、権利証だけでは売買等はできず、印鑑証明書などが必要となりますので、権利証だけで悪用される可能性もあまり高くはありません。
権利証と、実印、印鑑証明書などを一緒になくしたという方は、お近くの法務局にご相談下さい。不当な登記を防止する手続があります。また、実印を変更する手続をとって下さい。

○亡くなった方の口座がどこにあるか分からない
→全国銀行協会では、被災して亡くなった方が、どの銀行に口座を持っていたか分からない場合に、照会できる制度を立ち上げました。被災して亡くなった方のご遺族、行方不明の方のご親族は、被災者預金口座照会センター（0120－751－557）にお問い合わせ下さい。月～金（祝日除く）の午前9時～午後5時

○クレジットカードがなくなってしまった。
→各クレジット会社になくした旨の連絡をし、新たなカードの発行を求めて下さい。

6　自動車に関する問題

○免許証の有効期間が迫っている。
→運転免許証で、平成23年3月11日以降に有効期間が満了する場合は、有効期間が8月31日まで延期されます。
現在、盛岡、県南（金ヶ崎）、県北（久慈）の各免許センター、岩手、花巻、一関、千厩、大船渡、遠野、岩泉、二戸の各警察署においては、免許の更新業務が再開されました。8月31日までに更新の手続をとって下さい。

○自動車がなくなってしまった（使えなくなってしまった）ので、登録を抹消したい。
→運輸支局にご確認を。　050－5540－2010
車体番号・登録番号が分からない
→申請者の情報や納税証明書等で分かれば受理
印鑑証明書がとれない、実印を紛失
→署名と本人確認書類（免許証等）で受理。
原因を証明する証書（り災証明書）がまだもらえない
→申請人の申立書で代える。

7　事業者の方への支援

○会社を経営していたが、この地震・津波でやっていけなくなった。
→日本政策金融公庫の融資制度、中小企業庁のセーフティネット保証制度、県の融資制度など、いろいろな可能性があります。
公庫や商工会議所などに相談してみましょう。

○雇用調整助成金制度（事業者の方への支援）
→休業等を実施することにより、労働者の雇用の維持を図った事業主に休業手当等の一部を助成する制度です。
今回の地震に伴って、交通手段が途絶したことで原材料の入手や製品の搬入ができないとか、損壊した設備等の早期の修復が不可能であるといった、経済上の理由により事業活動が縮小した場合は、雇用調整助成金及び中小企業緊急雇用安定助成金が利用できます。
助成金を受給するには、休業等実施計画届けを提出する等の支給要件を満たす必要があります。
お近くの公共職業安定所（ハローワーク）にご相談下さい。

8　ご家族が行方不明の場合

○失踪宣告制度
→津波等の危難が去った後、1年間生死不明である場合に、裁判所の決定により、死亡したものとみなす制度です。
これにより、死亡に基づく支給が発生し、相続が開始します。仮に、実際には生きていたという場合には、失踪宣告を取り消す手続をとる必要があります。

○死亡認定制度
→津波等の災害が去った際、状況から、亡くなっている可能性が極めて高い場合に、官公署の認定により、死亡を推定する制度です。
警察、海上保安庁等が死亡の報告をすることで、戸籍上、死亡したものとすることができます。
戸籍とは別に、国では、労災等について、3ヶ月をめどに死亡を認定し、支給を早めるよう検討をしています。

その他、生活相談、困りごと相談、法律相談等ご遠慮なくお電話下さい。通話料無料・月～土（祝日除く）午後1時～午後4時
0120－755－745（フリーダイヤル）

図10　岩手弁護士会の「岩手弁護士会ニュース」第1号・2号（2011年3月・4月）
▶被災者の声から拾い上げたニュースとなっています。

くま弁ニュース 第3号

~熊本地震災害の被災者のみなさまへ~（2016.7.1.発行）

特集

自然災害による被災者の債務整理に関するガイドライン

1　自然災害による被災者の債務整理に関するガイドライン（以下「ガイドライン」と言います。）とはどのような制度ですか？

平成２８年熊本地震などの自然災害の影響で住宅ローン，事業性ローンなどの返済にお困りの方を対象として，一定の要件を満たす場合に，住宅ローン，事業性ローンなどの免除・減額を申し出ることができる制度です。

2　通常の債務整理等と比べてどのようなメリットがあるのですか？

通常の債務整理・破産手続き等と比べて，次のようなメリットがあります。

①いわゆるブラックリストに載りません。
②最大５００万円の現預金，家財地震保険金最大２５０万円，被災者生活再建支援金，災害弔慰金・災害障害見舞金，義援金といった財産を手元に残せます。
③原則として保証人等への支払請求がされません。

3　手続はどのような流れで進むのですか？また，どれくらいの期間かかるのですか？

① 借入の元本額が最大の金融機関にこの制度の利用をご自身で申し出てください。その金融機関から同意書が発行されます。
② 金融機関の同意を受けた後，弁護士会に(a)金融機関から受領した同意書と(b)弁護士会館備え置きの登録支援専門家弁護士委嘱書を提出してください。
③ 登録支援専門家の弁護士の支援を受けて準備を進め，債務整理の申し出を行います。
④ 金融機関と協議し，調停条項案を原則３か月以内に金融機関へ提出します。１か月以内に金融機関から返事があります。
⑤ 簡易裁判所での特定調停により，調停を成立させます。

上記①から⑤まで，早くても６か月程度は時間がかかると考えられています。

4　手続は自分一人でやらないといけないのですか？

登録支援専門家弁護士の支援を受けながら手続を進めていきます。登録支援専門家弁護士の支援については費用がかかりません。

金融機関に申し出たら，同意してもらえなかったのですが，どうしたらよいですか？

ガイドラインの利用の申し出を受けた金融機関は，債務者が本ガイドラインを利用できないことが明らかな場合を除いて，同意しなければならないことになっています。金融機関の苦情相談受付か，熊本県弁護士会法律相談センターにご相談ください（ご予約は，096-325-0009，毎週月～金9:00～17:00）。

6　事業者でも使える制度ですか？

個人事業主は要件を満たせば利用できます。個人のみを対象にしているため，法人は使えません。法人の保証人である代表者個人は，法人の債務を整理した後でなければこのガイドラインの利用は出来ないのが原則です。

7　債務者の収入や資力によって，ガイドラインを使えない場合もありますか？

ガイドラインの利用には，災害の影響を受けたことによって，債務を弁済することができないこと又は近い将来において震災前から残っている債務を弁済することができないことが確実と見込まれること，といったいくつかの要件が定められています。

例えば，（1）手元に残せる分（２の②）以外の資産が，負債額より大きい場合などは基本的には，利用が困難です。

また，（2）事業性ローンがなく年収が７３０万円以上の場合や，（3）既存の住宅ローン年間返済額や住居費の年収に占める割合が４０%未満の場合には，個別のケースに応じて判断されることになります。詳しくは，熊本県弁護士会法律相談センターにご相談ください。

8　震災前からローンを滞納していたのですが，ガイドラインを使えますか？

この制度は，震災の影響でローン返済が難しくなったときに利用できる制度です。したがって，災害が発生する以前に，ローンについて，期限の利益喪失事由に該当する行為があった場合には，当該ローンの債権者の同意がなければガイドラインの利用はできません。

9　銀行にガイドラインを使うと伝えれば，ローン返済がストップになるのですか？

登録支援専門家の支援を受けて債務整理申出をしたときに一時停止（ストップ）になります。銀行への着手申出だけではローン支払の一時停止にはなりません。

ただし，債務整理申出前であっても金融機関が支払猶予に応じてくれる場合もありますので，銀行に相談してみてください。

10　一時停止（債務整理申出）まではローン返済しないといけないのですか？

債権者が猶予をしてくれなければ，返済を継続する必要があります。返済を継続しないと一括返済を求められたり担保権を実行されてしまうことがありますから，債務整理の申し出を急いで準備しましょう。もっとも，延滞をしていてもガイドラインが全く利用できないというわけではありません。

11　債権者とリスケジュール（返済期間を長期化して1回ずつの返済額を減らす等の返済計画の見直し）をしてしまったり，債権者に一部返済してしまったのですが，ガイドラインは利用できないでしょうか？

どちらもできます。

もし，金融機関が「リスケジュールをしたからガイドラインを利用できない」と言うようでしたら，熊本県弁護士会法律相談センターにご相談ください。
但し，一部返済等によりガイドラインの利用に影響がある可能性がありますので，事前に弁護士にご相談ください。

１２　新たな住宅ローンを借り入れてしまったのですがガイドラインを利用できますか？

特段の事情がない限り，現在の運用では利用できません。住宅ローン，リフォームローンなど，新たな借り入れは慎重にご検討ください。

13　家は残して住み続けたいと考えているのですが，家を残す方法はありますか。

住宅ローンの返済が残っている場合，たいてい，住宅ローン債権者のために自宅に抵当権が設定されていると思います。この場合，①自宅を売却して，その代金で住宅ローン債権者に優先的に弁済する方法だけでなく，②不動産鑑定士に自宅の公正価額を評価をしてもらい，その公正価額を住宅ローン債権者に一括弁済または分割弁済することを条件に，家を残す方法もあります。

震災ADRが始まりました！！

熊本地震により，建物が損壊して賃貸借関係や修繕の仕方について問題が生じたり，瓦が落ちたり塀が倒れたりして近隣間でトラブルが発生し，当事者だけでは解決できないで悩んでおられませんか？
このような場合には，ぜひ弁護士会の調停をご利用下さい。

利用される場合は，熊本県弁護士会法律相談センター（096-325-0009），法テラス（050－3383－5522），公共機関での法律相談，各法律事務所 にて，弁護士相談を受けられて下さい。

こんなときの電話相談もあります！

▼1か月ほど前，避難所で生活していたとき，避難所にきた人からキスを迫られました。
▼最近，娘の様子がおかしく，痴漢などの被害にあったのかもしれません。
どこかに相談した方がいいですか？相談窓口では何をしてくれるのですか？

本人が望まない性的な行為は性暴力です。「ゆあさいどくまもと」にご相談ください。
性暴力を受けたご本人だけでなくご家族や知人でも，時間がたっている場合でも，ご家族や知人が被害にあったかもしれない場合でも，ご相談いただけます。

◎「ゆあさいどくまもと」（熊本県性暴力被害者のためのサポートセンター）
警察が捜査する「犯罪に限らず」，性暴力被害にあわれた方とその家族のためにワンストップで総合的な支援を行うためのサポートセンターです。
相談員が連携する機関との取り次ぎを行い，①病院や警察への付き添い，②臨床心理士によるカウンセリング，③弁護士による面談での法的アドバイスなど，希望する支援を受けることができます。
警察への届け出を強制することはありません。
相談・支援は無料です。秘密は厳守されます。
TEL：096-386-5555　受付時間　24時間体制
（12月28日22:00～1月4日10:00までを除く）
E-mail：support@yourside-kumamoto.jp

▼壊れた塀の修復のことでもめて，隣人に暴力を振るわれました。（暴行事件）
▼避難生活中に家に空き巣に入った犯人を捕まえたと警察から連絡がありました。（窃盗事件）
このあと，何か手続きは必要なのか，どこに相談すればいいですか？

「犯罪被害者ホットライン」にご相談ください。
◎「犯罪被害者ホットライン」では，熊本県弁護士会の犯罪被害者支援委員会所属の弁護士が電話での法律相談に応じています。消費者被害をのぞき，各種犯罪被害にあわれた方からの法律相談をお受けしております。
電話相談は無料です。秘密は厳守されます。

ＴＥＬ：090-9568-1157　（受付時間：平日9:00～17:00）

熊本県弁護士会は、今後も本ニュースの発行等を通じ、被災者のみなさまへ情報を発信いたします。
熊本県弁護士会のホームページでも情報提供を行っておりますので（熊本県弁護士会ニュースも掲載）、ご覧ください。
http://www.kumaben.or.jp/　（『熊本県弁護士会』で検索）

本ニュースの内容については、無料電話相談・情報提供にて弁護士におたずねください。
無料電話相談・情報提供　0120-587-858　午前10時～午後4時（土日祝も実施中）
※東京，福岡，大阪など県外の弁護士が相談を担当させていただくことがあります。

本ニュースは、発行日時点の状況及び制度を元に作成しております。最新の情報や個別の事情についてご確認・ご相談をされたいときは、無料相談にて弁護士におたずねください。
本ニュースは、内容を改変されない限り、自由に複製・頒布をしていただいてかまいません。

図 11　熊本県弁護士会の「くま弁ニュース」第３号（2016 年７月）
▶東日本大震災の教訓をふまえ、重要なトピックをすばやく解説できるようになりました。

け取ることができると考えます。図書館という象徴的な情報発信の場が、知識の共有を円滑化すると考えます。

災害後の生活再建情報を集めるノウハウ

「図書館ニュース」をつくるにあたって、被災者の生活再建にかかわる情報をどのようにして集めたらよいでしょうか。信頼できる情報はどこにあるのでしょうか。ぜひとも参照してほしい情報のありかを紹介します。

内閣府（防災担当）のウェブサイト（www.bousai.go.jp）

内閣府（防災担当）のウェブサイトのトップには「最近発生した災害の情報」が災害別に掲載されています。そこには、今現在の被害状況や法令適用状況が記載されたPDFファイルが順次公開されていきます。それ以外の内閣府の対応は「新着情報」に随時アップロードされていきます。特に「災害救助法」が適用されている自治体はどこか、「被災者生活再建支援法」が適用されている自治体はどこか、正確にわかります。

災害救助法や被災者生活再建支援法の適用決定は、被災者に役立つ各種制度が利用できるトリガーになっていることが多く、大規模災害直後は、毎日のチェックが欠かせません。

都道府県のウェブサイト

過去の災害では、被災地の県のウェブサイトに、被災者に向けた特別のお知らせのページが設置されてきました。そこに掲載されている情報をピックアップすることで、効率的に情報を収集することができます。また、そこに出てきた法律や制度については、内閣府（防災担当）のウェブサイトで、制度解説のページを比較的簡単に見つけることができます。

市町村のウェブサイト

過去の災害では、被災地の市町村のウェブサイトにも、被災者に向けた特別のお知らせコーナーが設置されてきました。具体的な連絡先や窓口の場所などが記述されているので、地域に根差した情報を整理するには、市町村のウェブサイトの閲覧は不可欠です。ただし、災害の規模があまりに大きく、市町村に深刻な被害が発生しているときは、ウェブサイトそれ自体も十分な更新ができていないこともあります。その場合には、都道府県のウェブサイトも参照しましょう。

被災地の都道府県弁護士会のウェブサイト

都道府県ごと（北海道は４つ、東京は３つ）に存在する弁護士会のウェブサイトには、「弁護士会ニュース」の掲載、無料法律相談窓口の開設や「災害ADR」の案内などが掲載されています。これらの情報は、弁護士が被災者の無料法律相談を担ってきたノウハウが前提となっています。情報の重要性と信頼性の双方を兼ね備えた情報源といえます。

保険協会のウェブサイト

一般社団法人生命保険協会（https://www.seiho.or.jp/）、一般社団法人日本損害保険協会（http://www.sonpo.or.jp/）、一般社団法人外国損害保険協会（https://www.fnlia.gr.jp/）のウェブサイトです。これらの協会には日本で営業活動をするすべての保険会社が含まれています。保険会社には、被災した契約者に対して、保険料の配慮や各種支援措置を講じてきた実績があります。また、契約会社がわからない場合の照会制度をそれぞれの協会が設けています。保険契約に加入している被災者は、災害後こそ保険に大きな関心を寄せます。どのような支援措置が特別にとられているのか、情報を収集する価値があります。

公共料金関係のウェブサイト

携帯電話会社（携帯キャリア）、電力会社、ガス会社、上下水道事業者、その他各種公共料金の支払先となっている会社や自治体のウェブサイトから、被災者支援情報をピックアップします。たとえば、一定期間の支払猶予、一部減免措置、各種修理やお問合せ窓口の設置などが、それぞれの会社や自治体から発信されています。これらのウェブサイトに記載されている情報をまとめておくことで、無用な不安や支払負担から、一定程度被災者を解放できる可能性が高いのです。

図書館ニュースにしかできない情報伝達の強み

自治体や弁護士会が、ある程度の分野にまたがって情報を提供する活動を行っているのであれば、あえて「図書館ニュース」を発行して、図書館利用者に目にしてもらう意義はどこにあるのでしょうか。それは、「図書館というフィルターを通すことで、利用者により適切な資料・情報へのアクセスルートを提供」できるという強みにあります[7]。

すなわち、図書館の利用者は、平時より多種多様であり、だからこそより多くの方に生活再建情報を伝えることができるのです。弁護士や自治体などの窓口に直接アクセスして相談する被災者や、自ら情報検索できる被災者はごく少数に限られています。図書館はさまざまな立場の方が無償で利用できることから、情報を伝えやすい場だといえます。

悩みを抱えている方が、すぐに専門家の相談を受けるとか、自治体の窓口をわざわざ訪れて情報を探しだすということは、なかなかハードルが高いものです。そこで、だれもがさしたる理由がなくとも訪れることができる図書館において積極的な情報発信があれば、何気なく訪れた図書館で実は必要としていた情報につながるという機会が増えるかもしれません。 また、国や自治体など実際に法制度や手続窓口になっている行政機関が発信する情報は、必ずしも利用者にとって見やすい形式になっていません。インターネット検索を経て必ずしもわかりやすいウェブサイトや資料にたどり着くとも限りません。文字の大きさや、文章の複雑さ、専門用語の多さなどから、どんなにすぐれた制度も伝わらない、読まれない、という可能性が高いのです。「弁護士会ニュース」でさえ、文字の多さは否めません。

図書館ニュースによる伝え方の工夫

「図書館ニュース」ならではの伝え方の工夫があります。国や自治体では必ずしも一般的ではない伝え方も図書館関係者にとっては親しみがある手法かもしれません。

１つめは、図書館ニュースに引きつけるため、文字情報の分量や表現のしかたを工夫します。

制度を利用したい「市民の目線」でつくることが肝要です。たとえば、「罹災証明書」や「被災者生活再建支援金」という制度の解説にとらわれていると、結局は利用者の目をひくことなく、読まれずに終わってしまう可能性があります。「被災したときにもらえるお金の話」「被災したら必ず取得すべき証明書がある」など、制度の役割や特徴に着目した見出しやフレーズを活用しましょう。制度自体に興味をもってもらえたら成功です。「詳しくはこちら」と、より詳しい資料（行政機関がつくった冊子や弁護士会ニュース等）へ誘導することも忘れないようにしたいところです。

２つめはグラフィックの活用です。

本書のⅠ部、Ⅱ部、Ⅲ部のそれぞれの冒頭には、各部で伝えたいことの要点を、文章ではなく、「グラフィックレコーディング」（議論やワークショップの様子などをイラストなどを使ってリアルタイムで見える化し、論点を明確にしたり、議論をより活性化したりするための技術）でまとめています。このような親しみをもてるグラフィックを利用して「図書館ニュース」をつくりあげることもできるのではないでしょうか。たとえば、文章だけでは理解しがたい制度でも、どんな制度で、だれが利用できるのかなどを文章で記述すると同時にグラフィックでもまとめると、難しい法律用語がぐっと身近な「お金の支援」に変化するのではないかと期待しています。

なお、図書館が日ごろ培ってきているレファレンス・サービスの技術や魅力的なケーススタディを紹介するものとして、

浅野高史・かながわレファレンス探検隊『図書館のプロが教える〈調べるコツ〉：誰でも使えるレファレンス・サービス事例集』柏書房，2006.

情報整理・学習環境整備のスキルのうち学校図書館を学びと情報活用の場とするノウハウを提供するものとして、

塩谷京子『探究的な学習を支える情報活用スキル：つかむ・さがす・えらぶ・まとめる』（シリーズはじめよう学校図書館 10）全国学校図書館協議会，2014.

図書館による「情報コーナー」の「情報発信ディスプレイ」のベストプラクティスの先例のうち写真入りで学校図書館のポップなどの豊富な事例を紹介するものとして、

吉岡裕子・遊佐幸枝監修『発信する学校図書館ディスプレイ：使われる図書館の実践事例集』少年写真新聞社，2015.

等が大いに役立つはずです。

10章
ステップ3
生活再建と復興まちづくりの拠点としての図書館

地域の情報拠点としての「生活再建情報コーナー」

「図書館ニュース」の発行を定期的に続けていくと、図書館に、災害後に役立つ情報が集まってきます。図書館員には、情報発信のノウハウが蓄積されてくることでしょう。これらが相まって抽象的な法律やしくみの解説ではない、「今すぐに役立つ生の情報が手に入る情報ステーション」として機能します。これらは「伝達基地としての図書館の長所」を活かしたものです。「誰でもが自由に出入りでいる空間である」「情報との仲介を職業とする人がいて、器材がある」という点が、他の公共空間よりも図書館がすぐれている部分だと評価されています[8]。

そこで、「生活再建情報コーナー」をぜひ設置してみてください。「自分には関係ないな」「自分が利用できる制度なんて聞いたことがない」と考えているような人の目に触れるだろう場所にこそ、設置してみてください。

中心となるのは、もちろん「図書館ニュース」、それを囲むように行政機関や弁護士会等から入手した各種冊子やパンフレット、そして被災者支援制度に関する具体的な窓口情報の一覧といったところでしょうか。さらには民間企業や医療福祉機関、被災者支援に従事する各種NPOによるさまざまな支援策をまとめてもよいでしょう。

東日本大震災後、気仙沼市立図書館では、掲示コーナーを医療・金融・交通・雇用等に区分し、病院からの診察受付の連絡、食料の提供方針について市からの告知、通行止めの情報、ペットの医療相談、破傷風予防の通知、巡回スクールバスの時刻表など、多岐にわたる情報を掲示しました。

熊本地震があった際の熊本県菊陽町図書館でも「「熊本地震」に関する情報掲示板」が設置され、「熊本県弁護士会ニュース」等が掲示されました。

被災者にとってのワンストップサービスの入り口として、「生活再建情報コーナー」が機能することを期待しています。

そのほか、東日本大震災等の大規模災害時において図書館が災害関連情報の提供を実施した事例については、「saveMLAK」（博物館・美術館（M）、図書館（L）、文書館（A）、公民館（K）（M+L+A+K=MLAK））のウェブサイトでも確認することができます。

また、「生活再建のための法制度」を伝達する取り組みとしては、東日本大震災後に弁護士有志が発刊した、被災者支援制度のワンポイント解説や、各種公的機関、金融機関、病院等のあらゆる窓口の膨大な連絡先一覧表を記述した冊子である「復興のための暮らしの手引き：ここから/KOKO-KARA」の配布があります。冊子の配布の際には、前述した「saveMLAK」や、「図書館海援隊」のネットワークが活用され、全国各地の図書館における冊子配布や所蔵が実現しています。

復興まちづくり拠点としての図書館

図書館とは、「地域の人々の共感に支えられ、暮らしを豊かにし、さまざまな課題の解決に役立つサービスを提供することが必要であり、またそういう活動を通して利用者も地域における暮らしや活動の拠点として活用する実体を作りだしていく」ものです[9]。巨大災害後の復興に向き合うことは、まさに地域と向き合うことに他ならないのです。

自然災害の猛威によって、壊滅的ともいえる被害を受け、新しいまちづくりが必要になれば、行政や市民、支援者をはじめとするあらゆるステークホルダーが集い、合意形成のための話し合いや議論をする場が必要です。政策主体が形だけで設置する一方向的な説明会ではなく、互いに意見をぶつけあい、共に考えながら合意形成をめざすことが「復興まちづくり」には必要です（国土交通省「東日本大震災の被災地における復興まちづくりの進め方（合意形成ガイダンス）」（2012年6月）などにも同様の考えが示されています）。図書館だけがそれを担うわけではありませんが、もし図書館に被災者が集える「生活再建情報コーナー」があれば、それは「復興まちづくり情報センター」へと発展を遂げるかもしれないのです。

このように、図書館は、災害時にはなおのこと、人がそこで生きていくための情報源・知識源であるべきです。市民とともに毎日を生き、「一人ひとり、そしてみんなが、生きるための図書館」[10] の役割のひとつだと信じています。

情報コーディネーターとしての図書館

Ⅱ部では、災害発生後に図書館が担う「伝える」という役割について述べてきました。それをふまえて、災害時の図書館の役割について考えてみたいと思います。

巨大地震や津波の被害があったときには、まずは、図書館の主要な財産である資料の保全や、利用者や職員の安全確保などについて多くの関心が寄せられます。もちろんそれはとても重要なことです。しかし、一度災害が起きたのちには、その図書館は「災害後の被災地の住民のために」存在していかなければなりません。そのためには、「生活再建情報コーナー」を中心として、他の機関や窓口へ「つなぐ」役割こそ重要です。災害後の情報コーディネーターが活躍しなければなりません。そのつなぎ役の最有力候補のひとつが「図書館」ではないかと期待しています。かのニューヨーク公共図書館も「市民社会を支える行政情報の窓口」としての機能を重視し、情報活用講座を開催していることが印象的です。

災害が発生した直後は、図書館の利用者の安全を守るための避難誘導行為と、そして図書館で働く職員の安全確保が最も重要であることは疑いの余地がありません。万一、避難誘導の誤りや職員安全対策の懈怠(けたい)により、損害が発生してしまえば、図書館運営主体等は「安全配慮義務」の違反を問われる可能性があります。適切な避難誘導や安全対策を講じておき、災害時の緊急情報の収集と、その情報に基づく適切な判断ができるよう、図書館に関わる職員に災害時の対応訓練を実施しておく必要があります。

その次には、被災者となった地域住民にとって必要な情報の入手と、その提供が重要です。まずは気象庁やニュースなどをはじめとする被害情報や危険を回避するための情報や、現実のサバイバルに不可欠な情報が優先されます。そして、その命を繋いだのちには、「生活を再建するための情報」が必要になってくるはずです。「図書館ニュース」の作成を実現し、「生活再建情報コーナー」を設置するためには、どの機関が、どのような情報を発信しているのかということを事前に把握しておく必要があるでしょう。図書館が本来有する三大資源である「図書館員」「資料」「情報を探すための道具」。そして、図書館員が培ってきた技術。これらは、災害時の情報コーディネーターとしての特性をすでに備えているともいえます。

たとえば、2010 年に地域の課題を解決する図書館の有志ネットワークとして設立された「図書館海援隊」が、東日本大震災（2011 年）からの復興支援活動にいちはやく関わってきたのも、平時から分野横断型のテーマ（医療・健康、福祉、法務、ビジネス支援、困窮者支援等）で書棚を構成してきたからこそ実現したといえます。

Ⅲ部　つくる：防災を自分ごとにする新しい教育の実践

生活再建への知識の備えの防災教育

"生涯学習拠点"の
図書館で、災害が起こる前に知識を備えよう!!

主権者教育

役立つ情報を自発的に収集

必要な情報の取捨選択

被災後の生活を"生き抜く知恵"を持つ

法教育

法律のもう1つの面を学ぶ

法律や制度の中に「何か助けがあるはず」という考えを持つ

金融教育・消費者教育

より豊かな生活や社会づくりに向けて自主的に行動

日常生活を営む上で必要な知識や情報を収集

法や制度をライフプランに取りこみ、だれかに相談しようという勇気を持つ

災害復興法学の視点

知識を備える過程で…

既存の制度や法律の課題を見つける

被災者の声

必要です

提言

法改正などの政策提言を実施する

既存の法律のルールを学ぶだけでなく、社会の実情・被災者のニーズによって法律を作り上げる、ダイナミックな提言の課程を学ぶ

やってみよう！実践セミナー

市民とワークショップ『家計の防災』

被災者支援にとって重要な法制度・しくみを知る・学ぶ

沢山ある
選ぶのむずかしい…

プロ向けワークショップ『“図書館ニュース”復興新聞を作ろう』

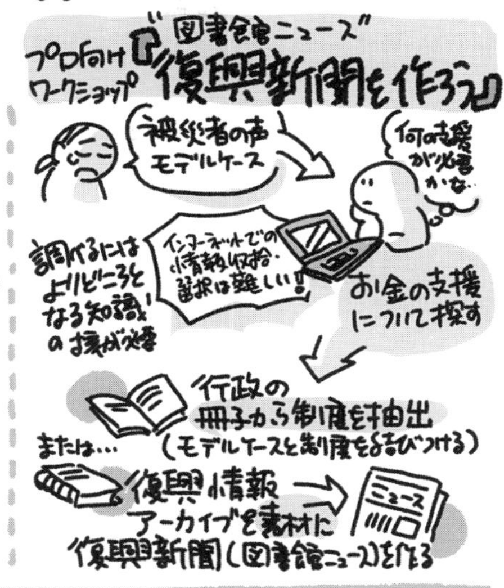

復興新聞（図書館ニュース）を作る

図書館が作る“防災コミュニティ”

日常をとりもどすプロセスを学ぶ創発するコミュニティへ

11章

生涯学習と「生活再建への知識の備えの防災教育」

生涯学習拠点としての図書館

Ⅲ部では、本書の最終目的である、災害復興法学をベースとした「生活再建への知識の備えの防災教育」（Ⅰ部）を生涯学習の素材とし、図書館という場で実践することを提案します。いわば、図書館ならではの新しい防災教育プログラムを「つくる」わけです。図書館は情報と人間とを結びつける役割をもっています。加えて図書館には、共同で学習する場があることが、生涯学習拠点としての大きな強みです。

2017年度「文部科学白書」によると、生涯学習とは、「人々が生涯に行うあらゆる学習、すなわち、学校教育、家庭教育、社会教育、文化活動、スポーツ活動、レクリエーション活動、ボランティア活動、企業内教育、趣味など様々な場や機会において行う学習」のことをいいます。自らの意思によって自由に学ぶ内容・場所・時間などを選択できる「生涯学習社会」の構築を国としてめざす方針です。

公共図書館は、社会教育法第９条で「社会教育のための機関」と規定されている社会教育施設で、無償で、だれに対しても平等に開かれ、学びの機会を提供し続けています。また、図書館法第２条では、「図書、記録その他必要な資料を収集し、整理し、保存して、一般公衆の利用に供し、その教養、調査研究、レクリエーション等に資することを目的とする施設」と定義されています。図書館が提供するのは教養・学術的な資料や情報に限りません。市民の日常生活上での問題を解決するために必要な資料や情報を提供する、課題解決支援機能を有しています。さらには、同法第３条８で「社会教育における学習の機会を利用して行つた学習の成果を活用して行う教育活動その他の活動の機会を提供し、及びその提供を奨励すること」とされています。つまり、「生活再建への知識の備えの防災教育」を実践する場として、最適といえるのです。

学校教育や学校図書館でも新しい防災教育が注目されています。「未災地」であるからこそ、子どもたちといっしょに家族の生活やお金の支援について考えることは、災害（被災）をより身近なものとして考えるきっかけになればと思います。それは、学校において「市民力を育む防災教育」[11]が実現する第一歩となるものと期待されています。また、「児童又は生徒の健全な教養を育成する」（学校図書館法第２条）という学校図書館の役割もさらに重要なものとなるでしょう。

「生活再建への知識の備えの防災教育」が生涯学習の素材になるとしても、生涯学習は相当広い概念です。そこで、「生活再建への知識の備えの防災教育」という素材を活かせる分野の代表例として、本章では「主権者教育」「法教育」「金融教育・消費者教育」を考えていきたいと思います。

主権者教育と「生活再建への知識の備えの防災教育」

主権者教育とは、「社会のできごとをみずから考えて判断し、主体的に行動する主権者を育てる」教育です。その目的は「主権者として社会の中で自立し、他者と連携・協働しながら、社会を生き抜く力や地域の課題解決を社会の構成員の一人として主体的に担うことができる力を身に付けさせる」ことにあります[12]。

災害にあったとき、少しでも役立つ情報を自発的に収集し、必要な情報を取捨選択し、被災後の生活を生き抜く知恵をもつことは、まさに主権者教育のめざすところです。そのためには、「生活再建への知識の備えの防災教育」が必要と考えます。

なお、「災害復興法学」という学問は、「既存の制度や法律の課題を見つけて、法改正などの政策提言を実施すること」も研究・活動領域としています（５章）。災害復興法学を学んだ結果として得るものは、主権者教育のめざすところと共通点が多いものといえます。

法教育と「生活再建への知識の備えの防災教育」

法教育とは「法律専門家ではない一般の人々が、法や司法制度、これらの基礎になっている価値を理解し、法的なものの考え方を身につけるための教育」のことです[13]。2016年の選挙権年齢の18歳への引下げや、2022年4月の民法上の成年年齢の18歳への引下げなどを考えると、法教育の必要性は近年ますます高まっています。

たとえば、法務省では、小学生、中学生、高校生というそれぞれの成長段階に合わせて、「意見が対立している場合の合意形成・ルールづくり」「契約に関する考え方」「裁判による紛争解決のしくみ」などを学ぶカリキュラムが示されています。

ここで登場する「法律」とは、「ルール」や「きまり」などの言葉のイメージのとおり、一定の拘束力や禁止事項などを定めるという性質が出ているように思います。

しかし、「生活再建への知識の備えの防災教育」を学ぶことで、法律というものが、冷たく厳格な決まりごととしてのみ存在するのではないことに気づくでしょう。被災者を支援し、家族を助けるための各種制度の根拠となっている法律もたくさんあるのです。そのような知識を得たとき、法律は被災者の生活再建を実現するための味方であり、あたたかいものであることがわかってくるのです。このような法律の一面を学ぶことで、「法的なものの考え方」が、より広く社会に浸透していくきっかけにもなると期待されます。

なお、「災害復興法学」は先に述べたように「既存の制度や法律の課題を見つけて、法改正などの政策提言を実施すること」や「将来の災害に備えて、新たな制度が生まれるプロセス（復興政策の軌跡）を記録し、政策の手法を伝承すること」も大きな役割です。法律は、決して絶対普遍なものではありません。社会の実情や被災者のニーズに応じて、変わっていくべきものであることが、東日本大震災以降の大きな法改正の流れを学ぶなかで実感できることでしょう。既存の法律のルールを学ぶだけではなく、法律をつくりあげるダイナミックな提言の過程を学ぶことも、法教育を成功させるための新しいアプローチだと考えています。

金融教育・消費者教育と「生活再建への知識の備えの防災教育」

金融教育とは、「お金や金融の様々な働きを理解し、それを通じて自分の暮らしや社会について深く考え、自分の生き方や価値観を磨きながら、より豊かな生活やよりよい社会づくりに向けて、主体的に行動できる態度を養う教育である」などと説明されています[14]。

また、特定非営利活動法人日本ファイナンシャル・プランナーズ協会（日本FP協会）では、「個人の生き方が多様化するなか、一人ひとりの生き方にあったお金の知識や活用方法を身につけ、家計の適切な管理や合理的なライフプランを立てる」ための「パーソナルファイナンス教育」の推進を提唱しています。

いずれも、人生の豊かさや多様性に着目し、正しい「お金」の知恵を備えることをめざす点で共通しています。

消費者教育とは、「消費者の自立を支援するために行われる消費生活に関する教育（消費者が主体的に消費者市民社会の形成に参画することの重要性について理解及び関心を深めるための教育を含む。）及びこれに準ずる啓発活動」をいいます。なお、「消費者市民社会」とは、「消費者が、個々の消費者の特性及び消費生活の多様性を相互に尊重しつつ、自らの消費生活に関する行動が現在及び将来の世代にわたって内外の社会経済情勢及び地球環境に影響を及ぼしうるものであることを自覚して、公正かつ持続可能な社会の形成に積極的に参画する社会」をいいます。「消費者教育の推進に関する法律」がそのように定めています。

やや専門的な表現となっていますが、要するに、日常生活を営むうえで必要な知識や情報を収集することを自主的に行うなど、「自立した消費者」を育むのが消費者教育です。

金融教育は「お金」に着目して人生について考え、消費者教育は、商品やサービスをお金で購入して消費するうえでの正しい対処や防御の知恵を学ぶものです。両者はとても近いものであるといえます。

大規模な災害によって、これまでの日常生活や仕事に大きな被害と変化が起きてしまうことがあります。それでも、消費生活は続き、金融とのかかわりは切っても切れません。だからこそ、「生活再建への知識の備えの防災教育」により、日常生活を取り戻す知恵をつけていただきたいのです。かしこく金融上の支援を受ける手段を探し出す原動力にもしてほしいのです。

たとえば、これまでは問題なく支払うことができていた「住宅ローン」も、災害によって収入を失ったり、財産も失われたりすれば、支払い困難となります。このとき、「破産」するだけではなく、「自然災害被災者債務整理ガイドライン」（４章）が利用できるかもしれないという知恵が備わっていれば、災害後にあっても、かしこく再建をめざすことができる可能性があります。また、自宅の修繕が必要な場合に、まとまった資金がなくとも、「災害版リバースモーゲージ」（４章）などの制度があるかもしれないと検索し、それらを利用することで、自宅の修理・再建の資金が手当てできる可能性があります。

もちろん、「生活再建への知識の備えの防災教育」とは、これらの制度を解説したりできるよう覚えておくことを求めるのではありません。「法律や制度のなかに、何か助けがあるはずだ」という考えをもち、それをライフプランに取り込めるかどうか、だれかに相談してみようという一歩の勇気を生み出す原動力を、あなたの心に灯せれば十分だと考えています。

12章
実践セミナー
「家計の防災」

家計の防災

では実際どのようなプログラム（シナリオ）を実施することで「生活再建への知識の備え」が学べるでしょうか。12章と13章では、これまで実践して、特に反響の大きかったプログラムについてご紹介したいと思います。

まずは、「家計の防災」です。プログラムの流れは以下のとおりです。

①自然災害への「備え」を列挙してみよう
②被災するとはどういうことか意見を出し合ってみよう
③日常生活の営みを「お金」で考えてみよう
④日常生活の営みが「災害」によってどうなるのか想像してみよう
⑤裏切ることのない「法制度」を知ろう

自然災害への「備え」を列挙してみよう

「自然災害への備えとは何か？」とだけ言われたとき、いったい何を思い浮かべるでしょうか。もっとも典型的な例としては「水の備蓄」とか、「非常食の備蓄」とか、「懐中電灯」などの備蓄品ではないかと思います。「備え」は備蓄品という「モノ」だけではありません。「家族の連絡先をお互いにメモにして持参している」「いざ、連絡がつかなかったときのために自宅以外の集合場所を決めている」という「備え」もあるでしょう。

私自身も盲点だったのは、「備え」をだれのために実施するのかという視点です。自分自身が困らないように、自分が使うもの、自分が便利だと思うもの、自分にとって不可欠なものだけを列挙していなかったでしょうか。

ここで考えてほしいポイントは、「あなたが活動不能になったときに備えて、どんな準備を残された人のためにしていますか」という視点です。この本を手に取ってくださった方には、すでに防災について相当の知識や、災害対策のための訓練経験がある方も多かろうと思います。だからこそ、あなた自身が本来助けるべき人に、あなたの手が届かないかもしれないことを想定した「備え」を考えてみてください。

「巨大災害が発生したそのとき、あなたは大切な人のそばにいますか？」

被災するとはどういうことか意見を出し合ってみよう

次に考えるのは、「被災するとはどういうことか」です。これはすでに1章で述べた内容です。意見を出し合って、災害後の悩みや困難には何があるのか列挙し、分類してみましょう。人にはそれぞれの悩みがあります。たとえば、私自身もアレルギー体質ですので、もし、自宅から避難所などの埃っぽい空間へ行かなければならなかったり、精神的なストレスがかかったりすることで、発作に至るかもしれないという恐怖を潜在的にもっています。悩みは人それぞれにあり、驚くほど多様性に満ちています。短時間の意見交換でも多くの学びを得ることができるはずです。

もちろん、そのなかに「将来の生活再建への不安」「お金の不安」が出てきたら、それらは自分以外のだれにでも該当しうる悩みとして、ピックアップしてきましょう。

日常生活の営みを「お金」で考えてみよう

1章で、あなた自身を紙の真ん中に、そのまわりに日常生活の関係性を描き出してみることを提案しました。そして、その裏返しこそが、被災による悩みであるとも述べました。今度は、それを「お金」や「ライフスタイル」の視点から整理してみます。

厳密に収支のバランスとか、会計上の仕訳けなどを考える必要はありません。あなたにとってプラスになるお金と、マイナスになる負担を左右に分け

収入と財産	支払いと負債
・給料／事業収入	・生活費全般／光熱費／通信費
・パート収入／臨時収入	・住宅ローン／家賃
・持ち家／借家	・各種税金・社会保険料
・家財一式／什器備品	・民間保険料
・自動車	・学費・奨学金
・事業資産	・リース・事業ローン
・預貯金	・各種会費
・生命保険	・介護費用
・損害保険	・医療費用
・その他金融資産	・委託費用／人件費／各種経費

図12　家計の防災①　まずは日常生活から

て書き出してみるだけでよいのです。ライフプランナー（ファイナンシャルプランナー）があなたの生活アドバイスをするようなイメージです（図12）。

日常生活の営みが「災害」によってどうなるのか想像してみよう

あなたの収入と財産、それに対する支払いと負債を簡単に整理できたら、「被災するとはどういうことか」を思い出し、日常生活がどうなってしまうのか、書き込んでいきましょう。もちろんモデルケースですから、より深刻な状況を想定してみてもよいかもしれません。

収入がなくなり、自宅や自動車や家財がなくなり、金融資産の関係書類が一切わからなくなってしまうなど、財産に関係するダメージは計り知れません。それでも、住宅ローンが残っていれば支払いが続き、その他の契約に基づく支払いも続き、新たな生活を始めるための必需品を揃えるだけでも大出費が必要で、さらに住まいの再建を考えるとなると、途方もない資金を用意しなければなりません。

どうでしょうか。「被災するするとはどういうことか」を、被災地の写真

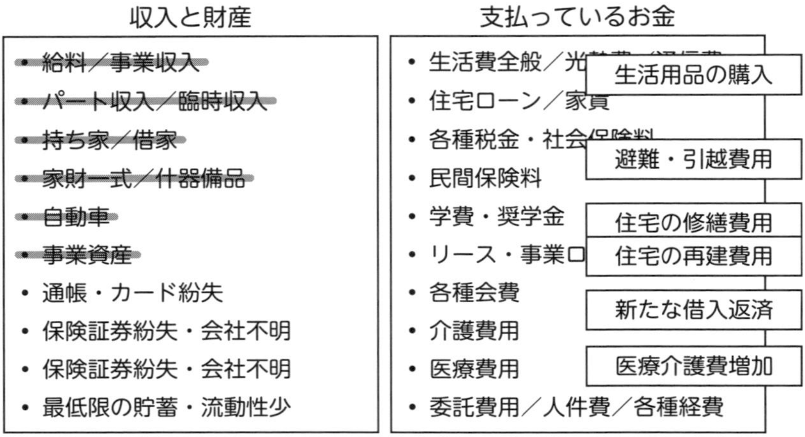

収入と財産

- ~~給料／事業収入~~
- ~~パート収入／臨時収入~~
- ~~持ち家／借家~~
- ~~家財一式／什器備品~~
- ~~自動車~~
- ~~事業資産~~
- 通帳・カード紛失
- 保険証券紛失・会社不明
- 保険証券紛失・会社不明
- 最低限の貯蓄・流動性少

支払っているお金

- 生活費全般／光
- 住宅ローン／家賃
- 各種税金・社会保険料
- 民間保険料
- 学費・奨学金
- リース・事業ロ
- 各種会費
- 介護費用
- 医療費用
- 委託費用／人件費／各種経費

生活用品の購入

避難・引越費用

住宅の修繕費用

住宅の再建費用

新たな借入返済

医療介護費増加

図 13　家計の防災②　被災してしまったら……

や映像ではなく、「お金」や「生活」の側面から説明するひとつのモデルができあがりました（図 13）。多かれ少なかれ、このような状況になってしまうことを知れば、何を備えなければならないのかを、平常時から考えることができます。

また、自分が被災者の支援になる活動をするときに、被災者がどんな状況に置かれているのかを理解する手がかりになります。

裏切ることのない「法制度」を知ろう

絶望的なまでの日常生活の破壊を目の当たりにすれば、だれもが呆然自失となることはやむをえないことです。それでも、何か助けになる情報を共有して、一歩を踏み出す勇気の種を蒔くことはできないのでしょうか。そのひとつが「法律」です。法律を根拠にした被災者の生活再建に役立つ制度やしくみです。

３章と４章では、東日本大震災、熊本地震、西日本豪雨などにおける弁護士の無料法律相談の分析結果をふまえ、特に被災者支援にとって重要だと思われる情報を厳選して紹介しました。ぜひこれらの法制度やしくみを、もう一度確認していただきたいと思います。

■３章・４章で紹介した制度
罹災証明書
被災者生活再建支援金
災害弔慰金
貴重品等の紛失に関する対応
自然災害被災者債務整理ガイドライン
災害 ADR
金融支援（災害版リバースモーゲージ等）
応急修理制度

13章
実践セミナー
「復興新聞（図書館ニュース）をつくろう」

復興新聞（図書館ニュース）

９章で災害後に図書館が「図書館ニュース」を作成することを提案しました。これをワークショップで模擬的に実施してみようというわけです。平時の「知識の備え」を深めるため、ワークショップを兼ねて模擬的な復興新聞の作成を行うことで、これまでの「知る」（１～５章）と「伝える」（６～10章）への理解も深まっていきます。プログラムの流れは以下のとおりです。

①被災者の声を知ろう
②お金の支援を探してみよう
③実際の被災者の声をデータで確認しよう
④重要な制度を３つだけ選び出してみよう
⑤復興新聞の効果をお互いに検証してみよう

被災者の声を知ろう

モデルケースとして、次のストーリーを見てみましょう。２章で紹介したように、「被災後の生活再建」に対する絶望的ともいえる悩みが被災者の心のうちにあるのです。

大きな地震と津波があって３か月が過ぎました。今は地元の体育館（公民館と図書館の複合施設）が避難所になっており、そこに滞在中です。
夫婦で農業をしていました。高校生（私立）と中学生（公立）の子どもがいます。津波があった時間、私は偶然買い物でスーパーの建物におり、屋上に避難して、命が助かりました。翌日自宅に戻ると自宅は跡形もなく消えており、農地も水浸しでした。夫は見つかっていません。農作業中に津波に流されてしまったのだと思います。
　自宅の土地は農地のなかにあり、夫が両親から受け継いだものです。10年前に自分たちで自宅を建てました。住宅ローンは2,000万円残っています。今も月々10万円の支払請求がきています。
　世帯全体で貯金は200万円ほどありますが、このままでは数か月先には底をつきてしまうと思います。
　正直、いったいどうしたらよいのかわかりません。何を聞いてよいのかもわかりません。自分たちがどうなりそうか、だれかに相談しても仕方ないのかもしれません。

　あまりに壮絶な声に言葉を失います。この家族の悩みは何でしょうか。実際は、「何に困っているのかもわからない」という声が多くあることは2章でも紹介しました。皆さんで話し合ってみてください。本当につらい思いをされました。お金にも困っていることでしょう。将来に対する不安も押し寄せていることでしょう。

お金の支援を探してみよう

　医療、福祉、健康、ライフプラン、住まいの再建、そしてお金のこと。さまざまな分野の専門家の目線から、いろいろな支援できそうなことが思い浮かぶと思います。ここでは、要件を満たせば効果が発動し、その限りでは、被災者を決して裏切ることのない「法律」を根拠とした支援の制度について情報提供したいところです。まずは、制度を探してみましょう。いったいどんな探し方があるでしょうか。

まずはインターネットで検索する？

　図書館の強みはこのような通信環境や機材が揃っていることです。電力さえ回復すれば、もっとも有力な情報収集ツールです。では、先ほどのモデルケースを聞いたときに、どんな検索をすればよいのでしょうか。どんなキーワードで検索すれば「生活再建への知識」が手に入るのでしょうか。

残念なことに、結論から言えば、「ある程度の知識や単語が思い浮かばないと検索しても正しい知識にたどりつけない可能性が高い」「検索の結果出てきたものから情報の取捨選択ができない」ということになってしまいます。インターネット空間はあまりに情報が多すぎます。よりどころとなる知識の核がないと、いきなり検索して何か調べるということは難しいはずです。

ワークショップでは、まずは、ノーヒントで、手あたり次第に検索を実施して、そこから「これが使えそうだ」という情報を抽出してみるのもよいでしょう。それを講師が評価します。何度か検索を繰り返すことで、徐々に検索の感覚をつかむことができるようになるかもしれません。

実は、このインターネット検索では、「いかにインターネット検索で正確な情報にたどり着き、情報を取捨選択することが難しいか」を実感してもらうことが真のねらいです。

行政がつくった冊子から制度を抽出する

内閣府「被災者支援に関する各種制度の概要」は、災害後に被災者が直面する生活再建、生業再建、事業再生などに関する課題に対応するための、各種制度を網羅的に紹介したものです。大まかに 70 以上の支援制度やしくみが、約 50 ページにわたり解説されています。ここに記述されている情報から、モデルケースに役立ちそうな制度をピックアップしてみるわけです。

制度の概要が必要な限度で正確に解説されているものではありますが、目次をみると、ひとつのニーズに対して複数の制度が結びついていたり、ある制度があらゆる被災者のニーズを解決する際に共通して登場したりと、複雑であることがわかります。ここで実感していただきたいのは、仮に国が丁寧に一つひとつ制度を解説した冊子を用意していたとしても、それぞれがどのような悩みにたいして、どのような役割と効果を発揮するのかを探し出すことは、非常に困難な作業であるということです。事例と制度を結びつける「あてはめ」が難しいのです。

「被災者支援に関する各種制度の概要」の目次の 1 ページめには、図 14 が掲載されています。左のモデルケースと、右の項目がすぐに結びつくでしょ

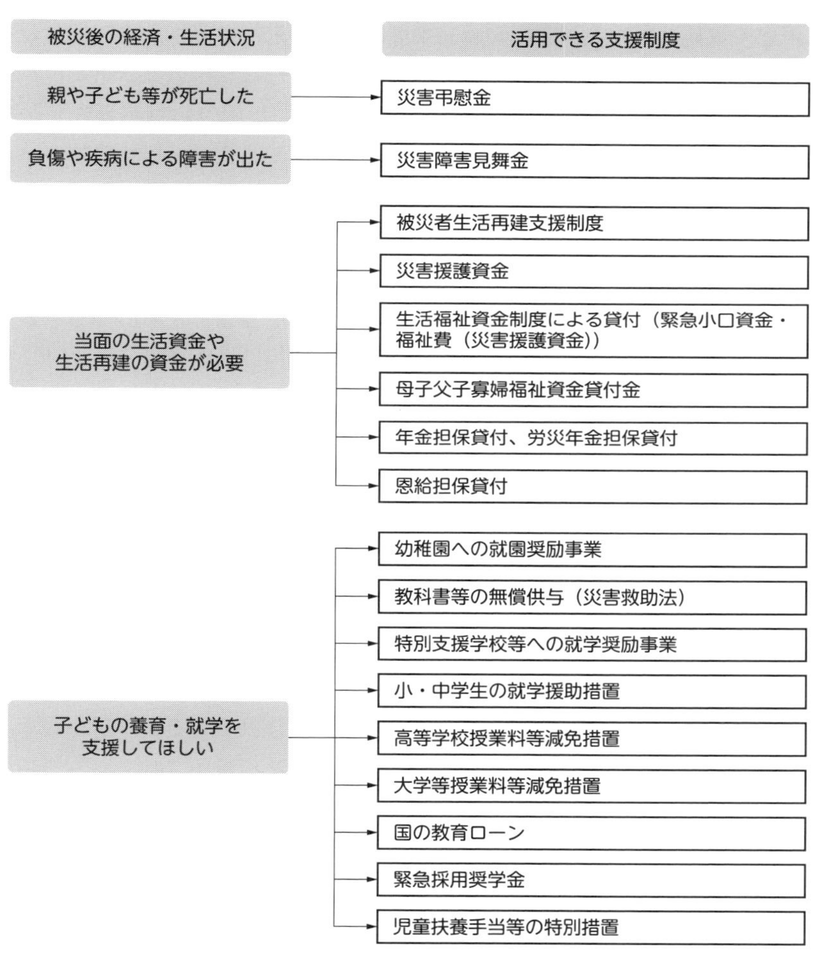

図 14 「経済・生活面の支援：被災後のくらしの状況から支援制度を探す」

うか。仮に、めぼしい項目が発見できたとして、対応する制度を選び出せるでしょうか。ぜひ挑戦していただきたいと考えています。

復興情報アーカイブを参照する

８章では、図書館で「復興情報アーカイブ」をつくることで、災害後の生活再建や復興に向けた制度の知識を効率的かつ効果的に学べるのではないかと提案しました。東日本大震災後に被災者へ総合的な支援情報提供を行った気仙沼市立図書館や、熊本地震における菊陽町図書館の例も紹介しました(10章)。東日本大震災、熊本地震、西日本豪雨などの広域大規模災害ではもちろん、それ以外の大きな災害でも、政府からはさまざまな「通知」や「事務連絡」が発信されています。それらを図書館でアーカイブしているのなら、ぜひ「復興新聞（図書館ニュース)」の素材にしてほしいところです。政府が何を重視して発信してきたのか、過去の災害を参考にするのが最も効率的で効果的です。

また、政府による情報発信だけではなく、被災地の都道府県や市町村が発信した情報もアーカイブしている場合には、すでに住民向けの情報へと加工されているため、よりモデルケースに合致した制度を探しやすいといえるでしょう。

一方で、都道府県や市町村が発信している情報は、必ずしもだれもがすぐに理解できる表現で記述されているとは限りませんし、情報の掲載場所もわかりにくいものが多いという課題があります。政府の発信した情報をそのまま記述しているケースもあるでしょう。モデルケースが求めるような支援の制度が確実に見つかるのかどうか、ぜひ挑戦していただきたいと思います。

実際の被災者の声をデータで確認しよう

モデルケースで示した声は、比較的整理され、テーマもわかりやすいように記述されています。「自宅を失って生活の再建が必要である」「住宅ローンなどの支払困難に陥っているが支払いの目途が立たない」「家族が行方不明となっているがどうしたらよいのかわからない」というニーズが比較的簡単に抽出できます。そして、これらの声は、東日本大震災、熊本地震、西日本豪雨における５万件以上の相談事例を分析した結果、常にかなりニーズの高い相談類型であることが判明しているのです。

２章において、被災者の「リーガル・ニーズ」がどのようなものであったか、その詳細なデータを紹介しています。またそれに応える「生活再建のための制度」も代表的なものを列挙しました。今一度、これらを参照していただき、生活再建に役立つ制度を選び出すヒントにしていただきたいと思います。

重要な制度を３つだけ選び出してみよう

そのうえで復興新聞をつくってみましょう。ワークショップでは１枚のかわら版をつくるような作業をイメージすればよいと思います。

インターネット検索でも、政府資料でも、図書館の「復興アーカイブ」でも、それらのどれか、または複数を参照したうえで、モデルケースの家族の生活再建に役立ちそうな情報を３つだけ選んでみましょう。

似たような効果の制度もたくさんありますが、それぞれ条件などが異なっています。どれが最低限伝えるべき情報なのでしょうか。実行しようとしたとき、何を用意して、どこへ行けばよいのでしょか。それらをよくよく考えて、「まずは、これだけは知っていてほしい」と思う制度を３つだけ選んでみます。

ワークショップを通じて、「何が今一番重要で、必ず押さえてほしい情報なのか」を選ぶことは、とても難しいことなのだと知ってほしいのです。被災後の生活再建情報をゼロから探し出すことの困難性を実感してください。そして、正しい知識と優先度の高い支援情報を伝えることが、非常に重要であることを認識してもらいたいのです。

復興新聞の効果をお互いに検証してみよう

ワークショップの最後に、作成した「復興新聞（図書館ニュース）」の発表会を行いましょう。複数グループがある場合には、並べて掲示してみるのがよいかもしれません。そのうえで、

・どんな制度を選び出したのか。
・制度を選ぶときに何を参照したのか。
・モデルケースのニーズにどこまでこたえられたのか、こたえられなかっ

たのか。

・掲載されている情報量は適切か（少なすぎないか、多すぎないか）。

・伝え方で工夫した点はなにか（見出し、イラスト、ウェブサイトへの誘導、過去の事例の参照など）。

などを話し合ってみましょう。

仮に、講師が意図する制度が抽出できていなくても問題はありません。大切なのは、「災害後に国などが発信する情報のなかに被災者の生活再建に役立つ情報がある」というマインドセットができれば良いのです。それさえできれば、次のような行動が起こせると期待しています。

①弁護士など法律の専門家に復興新聞（図書館ニュース）を監修してもらうようにする（地元の弁護士会の被災者支援活動と連携できるようにする）。

②国、都道府県、市町村等が発信し、ウェブサイトなどに掲載されている情報をリアルタイムで収集することができる。そのうえで、復興情報アーカイブを更新し続けることができる。

③実際に「復興新聞（図書館ニュース）」を、図書館という場を使って、さまざま立場の方（被災者にも支援者にも）にも発信できる。

④「復興新聞（図書館ニュース）」の「ひな型」をあらかじめ用意しておくことができる。災害の規模に合わせて、どの情報をまず発信するかについて、いくつかのパターンを用意しておくことができる（実際の災害発生後には、当該地域の自治体独自の窓口情報や連絡先などを穴埋め加筆して発行することができる）。

14章
図書館がつくる新たな防災コミュニティ

伝統的コミュニティと新しいコミュニティ

コミュニティとは「人間が、それに対して何らかの帰属意識をもち、かつその構成メンバーの間に一定の連帯ないし相互扶助（支え合い）の意識が働いているような集団」をいいます[15]。自治会や町会などを含む地域コミュニティは、伝統的なコミュニティと呼べるでしょう。これに対し、社会の成熟により、NPO 活動など特定のテーマやミッションでつながるコミュニティが誕生してきました。独立した個人と個人のつながりによる、いわば「新しいコミュニティ」です。そして、まちづくり・環境・福祉などをミッションにした新しいコミュニティは、その掲げたテーマから、必然的に「地域」や「学校」や「マンション」などの「伝統的なコミュニティ」がもつ地域性を、再び帯びてきます。

災害というキーワードから考えたとき、状況は千差万別であっても、自然災害の地域特性という共通項があります。「生活再建への知識の備えの防災教育」という目的で集められた情報や、それを得ようとする人が、図書館という場で「新しいコミュニティ」を形成した結果、結局のところ地域という伝統的なコミュニティを再構築するきっかけになるのではないでしょうか。

多様なライフスタイルの人たちが、それぞれのアイデンティティをすでにもちながら集い、外部の世界と接点をもち、自らの社会との関係を理解することで、他者への配慮や思いやりも生まれてきます。そのような関係性は「創発するコミュニティ」ともいわれています[16]。いわば「サロン」です。「生活再建への知識の備えの防災教育」を実施する場が、「創発するコミュニティ」や新しい「サロン」をつくることにも貢献できるのではないでしょうか。特定の分野に関心がある人々が図書館に集まることで、「人と本」に加えて、「人と人」の出会いを図書館がつくりだせるのです[17]。

図書館は近年、自宅（家庭）、職場（学校）に続く「第三の居場所」[18]としても注目されています。被災した住民のみを対象とした枠にとどまらず、地域が再生する核として図書館が一翼を担うことができると期待しています。

産学官を泳ぎ回る図書館

「生活再建への知識の備えの防災教育」や、災害後に発行をめざす「図書館ニュース」は、図書館の情報を収集して提供するという活動に支えられて成り立つものです。公共図書館は、産学官のあらゆる情報と人を繋ぐことができる空間と職員をもつ特殊な機能性を有しています。

ミッションやテーマを中心においた「新しいコミュニティ」は、民間企業等が発信する情報、専門家が発信する情報、行政機関が発信する情報等の受け皿や受信アンテナになると考えています。図書館は、あらゆる情報を受け取り、伝え、運び、つなげるべく、産学官のセクターを「泳ぎ回る」存在なのです。

図15は、「公民連携トライアングル」とよばれ、スウェーデンの政治学者ビクター・ペストフが社会福祉サービス分野における地域内ボランティア、民間有料サービス、政府の公的扶助等の相互関係を記述したものを原型に、根本祐二氏が日本における公民連携を説明するために、政府セクター、市場セクター、地域セクターの性質を示したものです。

災害時において、弁護士が実施してきた無料法律相談活動・情報提供活動は、「非政府」で「非営利」で「公式」の官民連携手法だったといえます。図でいえば、真ん中の逆三角形の部分に該当します。図書館は、形式的には「政府」側に属するものですが、特定の分野や立場にとらわれることなく、あらゆる情報を、各セクターを泳ぎ回って収集し、かつそれを地域に向けて発信していく姿は、同様に、「非政府」で「非営利」で「公式」の役割といえるのかもしれません。

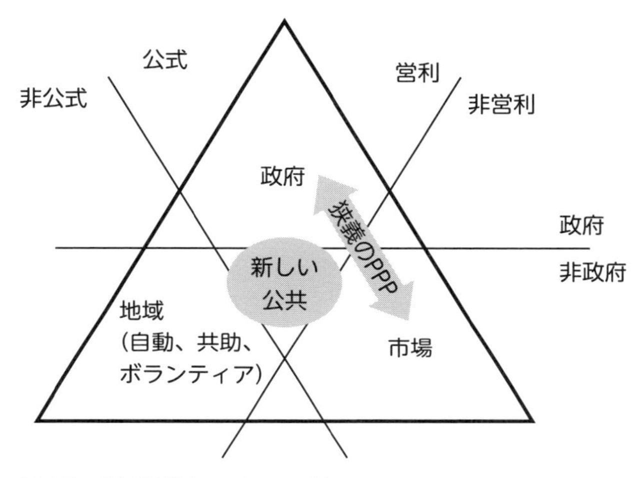

図 15　公民連携トライアングル
＊PPP＝Public Private Portnership

若い世代・子育て世代のコミュニティ

「生活再建への知識の備えの防災教育」により形成されたミッション型の「新しいコミュニティ」は、自治会や町会などに代表される伝統的「地域コミュニティ」に、若い世代・子育て世代の参画を呼び戻すきかっけになるのではないかと考えています。

「住宅ローンを組んで自宅マンションを買った。まだ 3,000 万円以上が残っている。マンションが全壊してしまったが、土地の持ち分の売却だけでは完済できない。どうたらよいのか検討もつかずに途方に暮れている」「借家が全壊したので、避難所、仮設住宅と移ってきたが、引っ越しや日々の生活費がかさみ、また収入も少なくなってしまった。このままでは子どもの学費などの負担も将来は確実にできなくなってしまう」。1 章・2 章では被災者の生活再建に関する絶望的ともいえる声を学びました。このような声は、住宅を購入したばかりで住宅ローン残高を多く抱えている家族、会社の勤務年数などから必ずしも年収が高いとはいえない家族、子育てにより教育費等が必要になる家族、すなわち、若い世代・子育て世代の多くを直撃する悩みといえます。彼らこそ「生活再建」への思いは強くニーズは高いはずなのです。

しかし、実際に弁護士の相談窓口を訪れる人は、高齢者が多かったのは事実です。それは、相談時間帯が日中で仕事と重なってしまっているとか、子育てなどで相談に行きたくても行けないなどの、その世代ならではの事情によるものと推測されます。決してニーズがないわけではないのです。

「生活再建への知識の備えの防災教育」により、子どもたちや若い世代・子育て世代に地域コミュニティに参画してもらうきっかけがつくれるのではないでしょうか。

防災セミナーや防災教育を実施する際に、「お金」について特に敏感な世代に対しては、やはり「お金」を例に考えてもらうのが効果的です。中学生はお小遣いで、高校生になればアルバイトでお金がぐっと身近になります。社会人になれば、自らの収入で生活費を負担します。子育て世代や親族の介護に関わる世代になれば、支出の抑制に対して関心をもたないわけにはいきません。住宅ローンを組んだり、個人事業のリースやローンを組んだりすれば、毎月の支払いが最大の関心事になるといっても過言ではないでしょう。

2017 年の調査では、1 世帯当たりの平均所得金額は 560 万円ですが、世

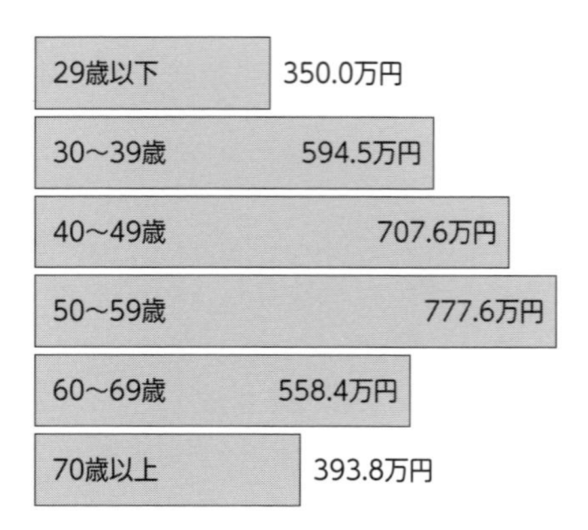

図 16　世帯主の年齢階級別にみた 1 世帯当たり平均所得金額
厚生労働省「平成 29 年　国民生活基礎調査」をもとに作成

帯主が29歳以下の場合では350万円です（図16)。住まいや仕事を失ったときに、もっとも深刻な経済上の被害を受けるのは、若年者層であるといえます。

図17の「人口ピラミッド」の現在（2020年）と未来（2050年）が示す

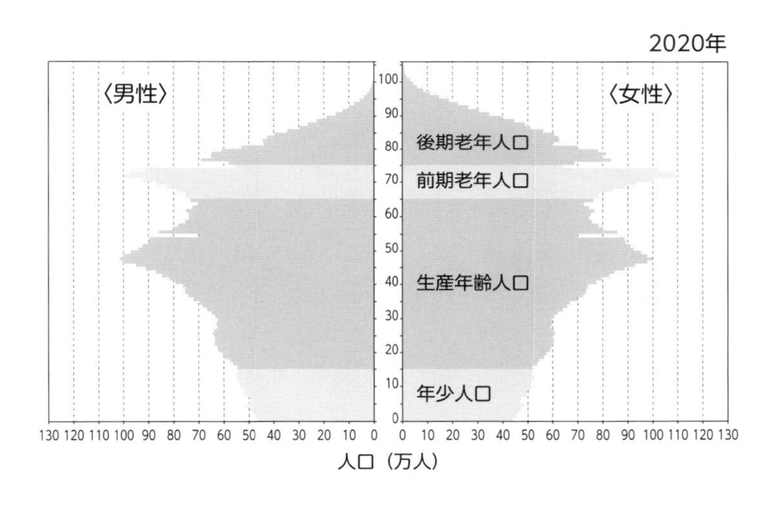

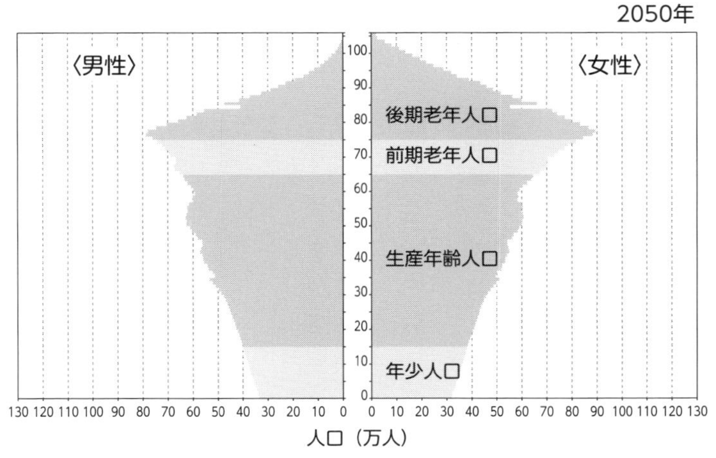

図17　人口ピラミッド
資料：1965〜2015年：国勢調査、2020年以降：「日本の将来推計人口（平成29年推計)」（出生中位（死亡中位）推計）

ように、若年者層の負担は増加の一途をたどることになるでしょう。「生活再建への知識の備えの防災教育」は、多くの世代にとって共通の知恵となりうるものです。このテーマを選択し、図書館という場を提供することで、若年者層と高齢者層の交流が生み出せるのではないかと期待しています。

健康や福祉のコミュニティ

世界保健機関（WHO）もその憲章前文において「健康とは、完全な肉体的、精神的及び社会的福祉（social well-being）の状態であり、単に疾病又は病弱の存在しないことではない」と宣言しています。「被災者の生活再建」を、法律や制度の知識を提供することによって支えていくことは、健康三大要素ともいうべき「social well-being」の実現にほかなりません。

> Health is a state of complete physical, mental and social well-being and not merely the absence of disease or infirmity.
>
> ——1946年WHO憲章（CONSTITUTION OF THE WORLD HEALTH ORGANIZATION）前文より抜粋

また、災害看護の分野でも、被災者と向き合い暮らしを支えていくためには、「人間の健康」と「生活」に視点を置くことが重要であり、医療だけではなく、人々や機関をつなぐことが必要になると考えられています。

健康や福祉支援に関わる専門家や個人を、「生活再建への知識の備え」の場となった図書館が「つなぐ」ことで、「新しいコミュニティ」がつくられることを期待してよいのではないでしょうか。

15章
図書館と人間のレジリエンス

持続可能な開発目標：2030「SDGs」とレジリエンス

2015年9月25日の第70回国選総会にて「我々の世界を変革する：持続可能な開発のための2030アジェンダ」が採択されました。2001年に策定されたミレニアム開発目標（Millennium Development Goals：MDGs）の後継として国連で定められた、2016年から2030年までの「持続可能な開発目標」（Sustainable Development Goals：SDGs）です。新たに17ゴール・169ターゲットからなるが策定されました（図18）。そのなかで、自然災害を克服するキーワードとして、「強靱（レジリエント）」や「強靱さ

図18 「持続可能な開発目標」(Sustainable Development Goals：SDGs）の概要

表３　「持続可能な開発目標」（SDGs）における「レジリエンス」への言及部分

目標 11.	包摂的で安全かつ強靱（レジリエント）で持続可能な都市及び人間居住を実現する
11.5	2030 年までに、貧困層及び脆弱な立場にある人々の保護に焦点をあてながら、水関連災害などの災害による死者や被災者数を大幅に削減し、世界の国内総生産比で直接的経済損失を大幅に減らす。
11.b	2020 年までに、包含、資源効率、気候変動の緩和と適応、災害に対する強靱さ（レジリエンス）を目指す総合的政策及び計画を導入・実施した都市及び人間居住地の件数を大幅に増加させ、仙台防災枠組 2015–2030 に沿って、あらゆるレベルでの総合的な災害リスク管理の策定と実施を行う。
目標 13.	気候変動及びその影響を軽減するための緊急対策を講じる【国地気候：全般】
13.1	すべての国々において、気候関連災害や自然災害に対する強靱性（レジリエンス）及び適応力を強化する。

（レジリエンス）」という言葉がでてきますが（表３）、これはいったい何を意味するのでしょうか。

強靭性とは「元々物理学の用語であり、外力による歪みを跳ね返す力」のことで、「人間が有している本来の回復力」「人の本来の力強さ」です[19]。「強靱な国土、経済社会システムとは、私たちの国土や経済、暮らしが、災害や事故などにより致命的な被害を負わない強さと、速やかに回復するしなやかさをもつこと」であり、強靭の反対語は「脆弱」であるとも説明されています[20]。さらに、レジリエンスを「再起力」と定義して、人が本来的にもつ力という意味を超えて「レジリエンスを高める」こともできるとするものもあります。

生活再建を支える法律とレジリエンス

防災教育が進み、訓練が効果的に行われ、建物の耐震化が進み、都市空間が整備され、防火措置がとられていくことで、災害からの町全体のレジリエンスは高まりをみせていくことでしょう。守られる人の命は災害対策により増えていきます。

一方で、「被災するとはどういうことか」（１章）を考えるとき、個別の経済的被害や家族の悩みを、すべてゼロにすることはできません。日常生活を取り戻していくプロセスは、どんなに技術が発展しても、建物が強靭になったとしても、必要不可欠です。

「生活再建への知識の備えの防災教育」はその生活再建を果たす希望の第一歩を学ぶ教育です。被災者や企業にとって有益な支援情報であっても、政府や自治体から発信しているだけでは、なかなか被災者に利用されません。千差万別の被災者のニーズにマッチした情報を個別に考慮する必要があるからです。一方で、多くの支援者が災害後によく使われる支援制度の存在などを知っていれば、少なくとも窓口の紹介などのコーディネートができます。

加えて、支援や相談の結果引き出された被災者や企業のニーズは、政策立案や法改正・運用改善などに反映することができます。それが今の災害法制をつくりあげてきたのです。災害のたびに日本の法制度は進化し、少しずつ「すべきこと」「できること」を増やしてきたのです。

だからこそ想定外の事態でも一歩先を想像し、緊急時の施策実現に踏み切れるのではないでしょうか。少なくとも東日本大震災から現在に至るまでのダイナミックな災害法制の改正や運用改善の動きには注目しないではいられないのです。

災害後のアウトリーチとフィードバックによる政策立案という経験そのものが、日本が世界に伝えるべき「強靭性」＝「レジリエンス」ではないかと考えています。

おわりに：図書館と防災教育の無限の可能性

本に囲まれた空間は、多くの人がそうであるように、私も大好きです。とても落ち着きます。

子どものころから、図書館は新たな出会いの場だと思ってきました。人に自慢できるほど文学作品を読んできたというわけでもありませんが、たとえば、夏休みの自由研究を探す小学生や中学生として、地元の図書館には何度も足を運んだ記憶があります。特定のテーマを決めて調べにいくというよりは、何を調べようかを探しにいく、というのが私にとっての図書館の最初の印象だったように思います。

まだ見ぬ情報と人をつなぐ場が図書館であるというのなら、その本来の機能に私は助けられていたのでしょう。そんな私の地元の図書館は、「もうすぐ二学期。学校が始まるのが死ぬほどつらい子は、学校を休んで図書館へいらっしゃい」というメッセージをSNSで発信したことでも注目を浴びました。すっかり足が遠のいていた地元の図書館へ、再び足を運びたいと思わせてくれました。

弁護士としての業務を開始すると、さまざまな調査が日々の業務の大半を占めます。文書を起案する根拠となる論文や文献を検索し、それが弁護士会図書館などで手に入らないときには、地域の公共図書館や省庁内にある図書館、大学図書館、専門分野を扱う民間の専門図書館などあらゆる場所に足を運びます。調査をしているときは、図書館という空間自体を楽しむ余裕はありませんが、しばらくたって思い出すと、さまざまな空間に身を置いた経験が、人生を豊かにしていることに気がつきました。とはいえ、まだまだ若輩の私は日々、目の前の職務のための調査と資料検索に追われ続け、図書館を行脚して資料収集に励んでいます。

「災害復興法学とは何かを、図書館をはじめとする、生涯学習教育の担い手に伝えてほしい。図書館の新しい役割を示すことになるはずだ」。図書館総合展、図書館海援隊、ビジネス支援図書館推進協議会、図書館流通センター、文部科学省など図書館に関係する皆様とのこれまでの交流や対話のなかで、このような光栄なご要望をいただき、なんとか本書という形にしてとりまとめることができました。本書を、いわば「図書館のための災害復興法学のすすめ」として世に送り出せたのも、ご支援いただいた皆様のおかげです。

図書館が読書の場としてだけではなく、情報と人をつなぎ、創発的なコミュニティを再構築する場であるとするならば、「生活再建への知識の備えの防災教育」は、図書館の無限の可能性の一つの扉を開けるものではないかと大いに期待しています。

生涯学習という広い枠組みでは、全国公民館連合会をはじめとする公民館教育を担う皆様からも、本書のテーマについてご興味をもっていただいておりました。各地の公民館での災害復興法学をベースとした防災教育も少しずつ始まろうとしており、生涯学習全体への波及も期待しているところです。災害時の避難所運営などにも積極的に関与し、避難所スクール開講や市民の地域活動のサポートをする「コミュニティーオーガナイザー」として公民館館長や職員も活躍できるのです。

高校において「災害復興法学」の授業が実現したのも最近のニュースです。「復興とは何か？」という問いを立てた高校生たちが、東日本大震災の被災地を巡る前に、拙著『災害復興法学』を読んでくれました。目に見える堤防や道路や街並みだけをみても「復興」したかどうかはわからないのではないかという疑問を抱いた高校生たち。「災害復興法学」がめざす「被災者の声の伝承」と「被災者の生活の再建に役立つ法制度の改善」の取り組みが、高校生のフィールドワークの糧になったものと信じています。

本書校了間近に、フレデリック・ワイズマン監督の「ニューヨーク公共図書館　エクス・リブリス」（Ex Libris: The New York Public Library, 2017）を鑑賞する機会を得ました。次々と登場する情熱的なライブラリアンたち。公共図書館の人と情報とをつなぐ使命に誇りをもって討論をするスタッフたちの姿が印象的です。民主主義と市民の権利の根源を守る活動がそこにはありました。私たちが生きた時代のことも、図書館を支える人々を通じて、まだ見ぬ世代へ受け継がれるのだという実感を得ることができました。

本書に、過分な推薦文を寄せてくださった青山学院大学教授・図書館長の

鎌倉市中央図書館と筆者

野末俊比古先生に、深く感謝申し上げます。

本書を象徴する３点のグラフィックを添えてくださった、玉有朋子先生に、心から感謝いたします。拠点とされている徳島での打ち合わせを経て、素晴らしいグラフィックをつくりあげてくださいました。

樹村房の大塚栄一社長に御礼を申し上げます。文字、装丁、イラストなど随所への工夫が実現したのも、一重に大塚社長のご指導のおかげです。

最後に、ここでお名前を挙げきれない、お世話になった数多くの方々へ心から感謝を申し上げたいと思います。

令和元年 10 月吉日

鎌倉市中央図書館にて。

岡本 正

引用文献

1：矢守克也・諏訪清二・舩木伸江『夢みる防災教育』晃洋書房，2007，p.145.

2：諏訪清二『防災教育の不思議な力：子ども・学校・地域を変える』岩波書店，2015，p.111.

3：塩見昇編著『図書館概論』五訂版（JLA 図書館情報学テキストシリーズⅢ・1）日本図書館協会，2018，p.16.

4：猪谷千香『つながる図書館：コミュニティの核をめざす試み』筑摩書房，2014，p.16.

5：日本図書館協会『中小都市における公共図書館の運営：複刻版』日本図書館協会，1973，p.19.

6：悦子・ウィルソン著，小川俊彦編『サンフランシスコ公共図書館：限りない挑戦』日本図書館協会，1995，p.159.

7：井上真琴『図書館に訊け！』筑摩書房，2004，p.249.

8：後藤廣隆・藤井広志・船倉武夫「大災害時における地域の公共図書館の役割とその支援体制」『千葉科学大学紀要』(5)，39.

9：前掲1，p.111.

10：竹内悊『生きるための図書館：一人ひとりのために』岩波書店，2019，p. iv .

11：諏訪清二『防災教育の不思議な力：子ども・学校・地域を変える』岩波書店，2015.

12：文部科学省「「主権者教育の推進に関する検討チーム」中間まとめ～主権者として求められる力を育むために～」2016.3.31.

13：法務省ウェブサイト「法教育」

14：金融広報中央委員会ウェブサイト「金融教育プログラム―社会の中で生きる力を育む授業とは―」

15：広井良典『コミュニティを問いなおす：つながり・都市・日本社会の未来』筑摩書房，2009，p.11.

16：吉原直樹『都市社会学：歴史・思想・コミュニティ』東京大学出版会，2018，p.20.

17：嶋田学「第 15 章　集会・文化活動」小黒浩司編著『図書館サービス概論：ひろがる図書館のサービス』（講座・図書館情報学５）ミネルヴァ書房，2018，

p.234.
18：高山正也・村上篤太郎編著『改訂 図書館サービス概論』（現代図書館情報学シリーズ４）樹村房，2019，p.45.
19：高橋晶・高橋祥友編『災害精神医学入門：災害に学び、明日に備える』金剛出版，2015，p.200.
20：内閣官房国土強靭化推進室「国土強靭化とは？：強くて、しなやかなニッポンへ」（2014 年６月版）

参考文献

浅野高史・かながわレファレンス探検隊『図書館のプロが教える〈調べるコツ〉：誰でも使えるレファレンス・サービス事例集』柏書房，2006.
猪谷千香『つながる図書館：コミュニティの核をめざす試み』筑摩書房，2014.
猪谷千香＋鎌倉幸子「討議　新しい公共の場」『現代思想』46⒅，20–28.
逸村裕・田窪直規・原田隆史編『図書館情報学を学ぶ人のために』世界思想社，2017.
井上真琴『図書館に訊け！』筑摩書房，2004.
上田幸夫「１章３節２　公民館の被災」国立教育政策研究所監修『震災からの教育復興：過去、現在から未来へ』悠光堂，2012，pp.29–35.
江草由佳「１章３節１　社会教育施設の被災」国立教育政策研究所監修『震災からの教育復興：過去、現在から未来へ』悠光堂，2012，pp.24–28.
悦子・ウィルソン著，小川俊彦編『サンフランシスコ公共図書館：限りない挑戦』日本図書館協会，1995.
小黒浩司編著『図書館サービス概論：ひろがる図書館のサービス』（講座・図書館情報学５）ミネルヴァ書房，2018.
鎌倉幸子「ささえあう空間　災害と図書館：情報の拠点が支える災害・復興支援」『現代思想』46⒅，138–146.
神代浩・中山美由紀編著『学校図書館の挑戦と可能性』（困ったときには図書館へ２）悠光堂，2015.
神代浩編著『困ったときには図書館へ：図書館海援隊の挑戦』悠光堂，2014.
カレン・ライビッチ，アンドリュー・シャテー著，宇野カオリ訳『レジリエンスの教科書：逆境をはね返す世界最強トレーニング』草思社，2015.
北村志麻『図書館員のためのイベント実践講座』樹村房，2017.
金融広報中央委員会ウェブサイト「金融教育プログラム―社会の中で生きる力を育む授業とは―」
後藤敏行『図書館の法令と政策』2016年増補版，樹村房，2016.
後藤廣隆・藤井広志・船倉武夫「大災害時における地域の公共図書館の役割とその支援体制」『千葉科学大学紀要』⑸，35－54.
酒井明子「第２部　「人間」と「暮らし」と「地域」の一体化に向けた実践」柳田邦男・酒井明子編著『災害看護の本質：語り継ぐ黒田裕子の実践と思想』日本看護

協会出版会，2018.
佐々木晶二『最新 防災・復興法制：東日本大震災を踏まえた災害予防・応急・復旧・復興制度の解説』第一法規，2017.
塩見昇編著『図書館概論』五訂版（JLA 図書館情報学テキストシリーズⅢ・1）日本図書館協会，2018.
塩谷京子『探究的な学習を支える情報活用スキル：つかむ・さがす・えらぶ・まとめる』（シリーズはじめよう学校図書館 10）全国学校図書館協議会，2014.
菅谷明子『未来をつくる図書館：ニューヨークからの報告』岩波書店，2003.
諏訪清二『防災教育の不思議な力：子ども・学校・地域を変える』岩波書店，2015.
関口礼子ほか『新しい時代の生涯学習』第3版，有斐閣，2018.
高橋晶・高橋祥友編『災害精神医学入門：災害に学び、明日に備える』金剛出版，2015.
高山正也・平野英俊編集『図書館情報資源概論』（現代図書館情報学シリーズ8）樹村房，2012.
高山正也・村上篤太郎編著『改訂 図書館サービス概論』（現代図書館情報学シリーズ4）樹村房，2019.
竹内悊『生きるための図書館：一人ひとりのために』岩波書店，2019.
常世田良『浦安図書館にできること：図書館アイデンティティ』（図書館の現場1）勁草書房，2003.
内閣官房国土強靭化推進室「国土強靭化とは？：強くて、しなやかなニッポンへ」（2014 年6月版）
内閣府「被災者支援に関する各種制度の概要」2018.12.
日本図書館協会『市民の図書館』増補版，日本図書館協会，1976.
日本図書館協会『中小都市における公共図書館の運営：複刻版』日本図書館協会，1973.
日本弁護士連合会「熊本地震無料法律相談データ分析結果（第3次分析）」2017.7.
日本弁護士連合会「東日本大震災無料法律相談情報分析結果（第5次分析）」2012.10.
日本弁護士連合会『東日本大震災無料法律相談事例集』2013.
日本弁護士連合会「平成 30 年7月豪雨無料法律相談データ分析結果（第2次分析）」2019.3.
根本祐二「PPP 研究の枠組みについての考察(2)」『東洋大学 PPP 研究センター紀要』

(2), 4-20.
野口武悟・植村八潮編著『図書館のアクセシビリティ：「合理的配慮」の提供へ向けて」樹村房，2016.
広井良典『コミュニティを問いなおす：つながり・都市・日本社会の未来』筑摩書房，2009.
広島弁護士会「平成26年（2014年）8月広島市豪雨災害無料法律相談情報分析結果（第1次分析）」2015.8.
藤田節子『図書館活用術：情報リテラシーを身につけるために』新訂第3版，日外アソシエーツ，2011.
法務省ウェブサイト「法教育」
薬袋秀樹「「図書館の設置及び運営上の望ましい基準」制定の意義」『図書館雑誌』107(5), 264-267.
ミモザフィルムズ編『ニューヨーク公共図書館 エクス・リブリス プログラム』ミモザフィルムズ，ムヴィオラ，2019.
文部科学省「「主権者教育の推進に関する検討チーム」中間まとめ～主権者として求められる力を育むために～」2016.3.31.
矢守克也・諏訪清二・舩木伸江『夢みる防災教育』晃洋書房，2007.
吉岡裕子・遊佐幸枝監修『発信する学校図書館ディスプレイ：使われる図書館の実践事例集』少年写真新聞社，2015.
吉原直樹『都市社会学：歴史・思想・コミュニティ』東京大学出版会，2018.

（著者関連文献）
岡本正『災害復興法学』慶應義塾大学出版会，2014.
岡本正『災害復興法学Ⅱ』慶應義塾大学出版会，2018.
岡本正『災害復興法学の体系：リーガル・ニーズと復興政策の軌跡』勁草書房，2018.
中村健人・岡本正『自治体職員のための災害救援法務ハンドブック：備え、初動、応急から復旧、復興まで』第一法規，2019.
幸田雅治・室崎益輝・佐々木晶二・岡本正『自治体の機動力を上げる先例・通知に学ぶ大規模災害への自主的対応術』第一法規，2019.
岡本正「大災害時のニーズと生活再建情報の「知識の備え」：公民館で防災を「自分ごと」にする教育と人づくり」『月刊公民館』726, 14-25.
岡本正「17　生活再建と法制度 災害を生き抜く生活再建の知識を備える：災害法制

度研修の必修化を」榛沢和彦監修『いのちと健康を守る 避難所づくりに活かす18の視点』（『地域保健』49(3)別冊）東京法規出版，2018，pp.72–75.
岡本正「集中連載：被災者の生活を支える」（全6回連載）『最新医療経営フェイズ・スリー』2019.1–6.
岡本正・山崎栄一・板倉陽一郎編著『自治体の個人情報保護と共有の実務：地域における災害対策・避難支援』ぎょうせい，2013.
岡本正「第1章　災害対策と個人情報の利活用」齊藤誠・野田博編『非常時対応の社会科学：法学と経済学の共同の試み』有斐閣，2016.
室﨑益輝・岡田憲夫・中林一樹監修，野呂雅之・津久井進・山崎栄一編『災害対応ハンドブック』法律文化社，2016.
岡本正「もしも社員が大災害で被災したら？　生活再建への「正しい」知識の備え」新建新聞社ウェブサイト「リスク対策ドットコム」2019.2.–

生活再建への知識の備えに役立つツール

岡本正監修「被災後の生活再建のてびき」東京法規出版

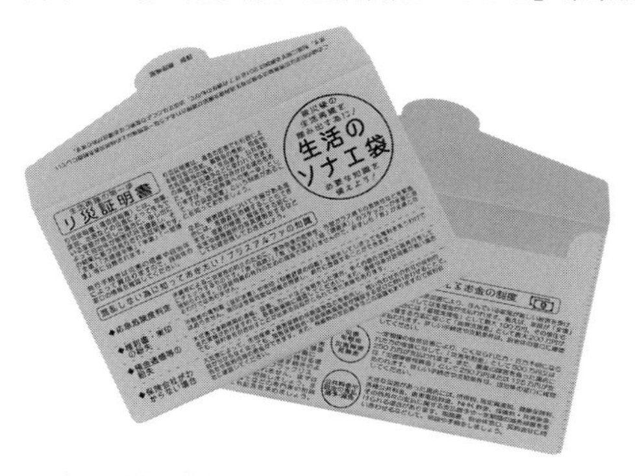

岡本正監修「生活のソナエ袋」銀座嶋屋

高知県立大学減災ケアラボ 神原咲子企画・監修「いまから手帳」CWS JAPAN, 2018.

高知県立大学減災ケアラボ 神原咲子企画・監修「これから手帳」CWS JAPAN, 2018.

関東弁護士会連合会「被災者支援制度チェックリスト」

日本弁護士連合会「被災者生活再建ノート」

索引

▶ま行

▶ら行

著者プロフィール

岡本　正（おかもと・ただし）

1979 年京都市出生・神奈川県鎌倉市出身。2001 年慶應義塾大学法学部法律学科卒業。同年司法試験合格。2003 年より弁護士登録（第一東京弁護士会）。田邉・市野澤法律事務所に勤務。2013 年に独立し、岡本正総合法律事務所設立を経て、2016 年に銀座パートナーズ法律事務所を設立。現在、同所パートナー弁護士。2017 年新潟大学大学院現代社会文化研究科に提出した論文により博士（法学）を取得。

企業法務・個人案件全般の弁護士業務に加え、マンション管理士、AFP（ファイナンシャルプランナー２級）、医療経営士（２級）、宅地建物取引士、防災士、防災介助士などの資格を生かして、産学政官に対し幅広い業務と活動を行う。

2009 年 10 月から 2011 年 10 月まで内閣府行政刷新会議事務局上席政策調査員として出向。政府の行政改革・規制改革等を担当する。2011 年１月から官民連携の月例ランチ会「霞が関ナレッジスクエア・ランチミーティング」を共同主催。2011 年４月から同年 12 月まで日本弁護士連合会災害対策本部嘱託室長に就任し、東日本大震災の復興支援活動や政策提言活動に従事。2011 年 12 月から 2017 年７月まで文部科学省原子力損害賠償紛争解決センター総括主任調査官として出向。その後も政府委員や日弁連公職等を複数担いながら現在に至る。

2012 年４月より慶應義塾大学法科大学院にて「災害復興法学」講座を創設。2013 年４月には同大学法学部で「災害復興と法１」及び「災害復興と法２」を開講。いずれも非常勤講師として現在に至る。2013 年４月から 2017 年３月まで中央大学大学院公共政策研究科客員教授として「災害復興法学」を開講。2018 年４月から青山学院大学大学院法学研究科ビジネス法務専攻非常勤講師、2019 年４月から岩手大学地域防災研究センター客員教授と長岡技術科学大学大学院システム安全専攻非常勤講師にも就任。日本災害復興学会、日本公共政策学会、日本計画行政学会、情報ネットワーク法学会、地域安全学会、避難所・避難生活学会等に所属し、公職多数。

災害復興法学の活動により、2013 年「危機管理デザイン賞」、2014 年「第６回若者力大賞ユースリーダー支援賞」、2019 年「日本公共政策学会学会賞『奨励賞』」を受賞。

著書は「災害復興法学」（慶應義塾大学出版会）のシリーズをはじめ、本書参考文献記載ほか多数。読売新聞「顔」、朝日新聞「ひと」、NHK「視点・論点」などメディアをはじめとする発信や各種媒体へ執筆多数。

趣味は各出張先での街歩き。自然災害伝承碑などを訪ねる。また、約 2,000 の飲食店（主にラーメン・スイーツ・珈琲店、カフェ）情報を SNS に投稿している。

グラフィック（Ⅰ・Ⅱ・Ⅲ部見開き）

玉有朋子（たまあり・ともこ）

国立大学法人徳島大学・学長企画室 ファシリテーター

ビジュアルファシリテーター／ホワイトボード・ミーティング® 認定講師

図書館のための災害復興法学入門
新しい防災教育と生活再建への知識

2019年11月25日　初版第1刷発行

検印廃止

著　者©　岡本　正
発行者　大塚栄一

発行所　株式会社　樹村房
JUSONBO
〒112-0002
東京都文京区小石川5-11-7
電　話　03-3868-7321
ＦＡＸ　03-6801-5202
振　替　00190-3-93169
http://www.jusonbo.co.jp/

組版・印刷／美研プリンティング株式会社
製本／有限会社愛千製本所

ISBN978-4-88367-331-5　乱丁・落丁本は小社にてお取り替えいたします。